Para

_____

De

_____

Fecha

_____

Los Niveles De La Comunicación Divina

Apóstol Dr. Mario H. Rivera

&

Pastora Luz Rivera

**Publicado por
LAC Publications
Derechos reservados**

© 2020 LAC Publication (Spanish Edition)
Primera Edición 2020
© 2020 Mario H. Rivera y Luz Rivera
Todos los derechos reservados.

ISBN: 978-0-578-70382-4

© **Mario H. Rivera y Luz Rivera
Reservados todos los derechos**

Ninguna porción ni parte de esta obra se puede reproducir, ni guardar en un sistema de almacenamiento de información, ni transmitir en ninguna forma por ningún medio (electrónico, mecánico, de fotocopias, grabación, etc.) sin el permiso previo de los editores. La única excepción es en breves citas en reseñas impresas.

Diseño de la portado: Juan Luque

Impreso en USA (Printed in USA)
Categoría: Guerra Espiritual

Índice

1 Capítulo

Los Niveles de La Comunicación

- Oración
- Clamor
- Gemido
- Intercesión

2 Capítulo

El Secreto de La Oración

- La calidad de la oración
- La restauración de la oración
- Patrones de oración

3 Capítulo

Las Llaves de La Oración

- Los secretos de la oración
- Convertidos en gente de oración

- Las acciones de Dios
- La Combinación de dos esferas
- La fe verdadera para orar
- Dios opera por medio de Su palabra
- Lo que oímos crea el material que usamos al orar
- La fe viene por el oír
- La combinación de lo que está cerca y de lo que oímos
- La prueba científica
- La meditación de la palabra que oímos
- El proceso de meditar
- Meditar es el aspecto más importante al leer la palabra y al orar
- Conectados a la mente de Dios
- En otros términos es llamado comunión
- La revelación de la oración del reino
- Estructura de la oración
- Las áreas que Cristo mencionó
- El perdón una capacidad
- Definición del perdón
- Amargado
- ¿Qué es el perdón?
- Dios es la base del perdón

4 Capítulo

La Cultura del Acuerdo

- La torre de Babel
- Los principios de la torre de Babel
- El reino de Satanás no está dividido

5 Capítulo

El Poder del Acuerdo de Dos

- El factor de la multiplicación es de 10
- Pruebas bíblicas de la pérdida del poder
- La discordia y el desacuerdo
- Ir en contra del concepto del acuerdo
- El acuerdo vertical con Dios
- El acuerdo vertical para entrar al poder
- La batalla es primeramente del Señor
- La alineación del poder sinérgico
- La creación alineada
- La principio de la autoridad de gobierno
- La autorización de los dones espirituales
- Los espíritus de batalla en los altares
- Los altares

- Los únicos altares con tres nombres
- La llave del altar
- La llave de un altar son los sacrificios
- El altar de piedra
- Altar de piedra y los sacrificios personales
- Abraham y el altar de la provisión
- Moisés y el altar de protección: Altar Nissi
- Gedeón y el altar de paz: Altar Shalom

6   Capítulo

El Secreto del Clamor

- El nivel del gemido
- El nivel del clamor
- El propósito de enseñar el clamor
- Perspectiva bíblica
- Formas espirituales de la oración
- Posiciones espirituales de la oración
- El secreto del clamor
- Tres formas de clamar
- El origen del clamor
- Definiendo el clamor
- El plexo solar o el vientre
- La guerra espiritual al espíritu humano
- La guerra espiritual afecta el cerebro y

las emociones
- La química de la oración y la intención
- El misterio del clamor que cambia veredictos
- Todo clamor es respondido por Dios
- ¿Cuál es la base del misterio del clamor?
- Clamamos por la respuesta de Dios
- El principio Jeremías
- La verdadera guerra espiritual

7 Capítulo

El Secreto del Gemido

- El gemido marca de preservación
- Gemido o queja: dos cosas diferentes
- Entendiendo el gemir
- ¿Qué es la queja?
- La solución

8 Capítulo

El Secreto de La Intercesión

- Los intercesores de Dios
- Los cuatro niveles de la comunicación divina

- El secreto de la intercesión
- La tecnología de tres facetas de la intercesión
- Ejemplos de intercesores
- Las definiciones del ciclo de la intercesión
- La intercepción
- La intervención

9 Capítulo

La Química Espiritual de La Intercesión

- La química entre la oración y la intercesión
- La historia de la oración
- La química funciona en varias cosas de la creación
- Las razones químicas del poder divino
- El poder Dunamis divino
- La química de la oración y la petición
- Los diferentes ángulos de la oración
- La química de la oración y la humildad

10 Capítulo

Los Equilibrios de La Intercesión

- La concordancia
- Concordancia como la unidad matrimonial
- Etimología de concordancia
- Etimología de discordia
- Estrategia de Satanás
- La química de la oración y intención
- La razón de Cristo al enseñar el Padre nuestro
- La química de la oración y las posiciones
- La química de la intercesión en grupo

11 Capítulo

Al Otro Lado de La Intercesión

- Las cosas al otro lado
- Al otro lado de la intercesión
- Escenarios de la esfera espiritual
- Nuevo aceite
- ¿Qué significa que pongan incienso en tu oración?
- El ciclo virtuoso de la oración e intercesión al otro lado
- La importancia de los intercesores a través de la historia
- Cuatro cosas de lo que está al otro lado de la intercesión

12 Capítulo

El Tribunal Superior de Las Apelaciones Espirituales

- La solvencia del nivel de las apelaciones
- Los principios de la comunicación divina
- La primera mención de la Iglesia
- La Iglesia verdadera
- La Iglesia es una entidad jurídica espiritual
- El nivel de las apelaciones y su esfera jurídica
- ¿Por qué es importante entrar al régimen de los derechos?
- Las apelaciones y el régimen jurídico de los derechos espirituales
- El tribunal y la dimensión jurídica de las apelaciones
- El orden jurisdiccional de las apelaciones
- La definición de la apelación
- Veredicto

INTRODUCCIÓN

En el principio de la humanidad cuando solamente estaban Adán y Eva en el huerto, había una comunicación extraordinaria con Dios, El descendía para darles esa oportunidad, no había intermediación porque de alguna forma puedo decir que su intelecto estaba sin contaminación, perfecto y funcionaba al 100% porque así lo había creado Dios, hasta que Satanás los engañó a través de la serpiente y perdieron el privilegio que tenían en ese momento, tuvieron que salir del lugar de encuentro que existía para poder comunicarse con Dios.

Fue en ese momento cuando surge la oración y posteriormente sus diferentes niveles dependiendo de lo que haya en el corazón del hombre para que entonces suba de **oración** a **clamor** hasta llegar al **gemido**; este es un punto de mucha importancia en la vida todo cristiano porque si bien es cierto que Dios permitió la oración para no perder del todo la comunicación con el hombre, también le permite conocer otros niveles y que estando en su máximo esplendor de los primeros tres, eres llevado a que puedas experimentar otro nivel mayor donde tienes la capacidad de hacer a un lado tus necesidades, te olvidas de tus dolencias para **interceder** por otros, la sensibilidad de tu corazón para ayudar a otros es mayor que tu propio dolor.

Por eso es importante conocer cada uno de los niveles de la oración porque en medio de la angustia, padecimiento o la necesidad que estés atravesando, en algún momento vas a clamarle a Dios porque estás necesitado de escuchar Su voz ante lo que está oprimiendo tu vida, en ese momento se te permitirá que llegues al nivel de los gemidos donde existe una intervención extraordinaria del Espíritu Santo como lo permite ver **Romanos 8:26**, cuando dice que El te ayuda en tu debilidad porque en medio de la angustia parecería que la articulación de palabras para orarle a Dios, es estropeada en el alma; pero el Espíritu Santo sabiendo que no puedes orar como es debido, lleva el sentir de tu corazón ante el Padre, con gemidos indecibles.

Eso me deja ver que después de haber estado en el nivel la oración, después pasando por el nivel del clamor con gritos para llamar la atención de Dios; el nivel del gemido es la comunicación que toma el Espíritu Santo para llevar ante el Padre en el idioma dimensional que solamente El puede interpretar por ti, pero que al final producirá el fruto o respuesta que tanto estás anhelando.

Hasta aquí, en los primeros tres niveles de la comunicación divina, puedo decir que ha sido la oportunidad en la que subiste, en el nombre de Jesús por el Espíritu Santo, ante el Padre, y tu ser cobra un identidad extraordinaria para ver que siempre habrá gente más necesitada que tú; no estoy diciendo que tus problemas no sean importantes, quizá en la realidad sean los más difíciles que jamás antes haya tenido otra persona; pero alcanzas un nivel de espiritualidad en el que ves los problemas de los demás como algo que puedes llevar delante de Dios **en calidad de intercesor**, has dejado tu propio interés, para presentar los problemas, las necesidades, las angustias de otros como si fueran tuyas porque tu nivel de comunicación con Dios ha superado toda distracción que el enemigo haya pretendido sostener para dejarte anulado.

Pero aun falta un paso más, porque como ya lo dije, al llegar a la intercesión, estás retomando desde el primer nivel de comunicación pero no por ti, sino por otros; estás en calidad de un guerrero dimensional intercediendo por tu prójimo, al punto en que puedes ver todo lo que están padeciendo los demás porque ya hubo una sentencia; ahí es el momento cuando Dios te concede que llegues a la corte celestial para presentar nuevamente argumentos a favor de la persona por la que intercedes, ahí es donde llegas, pero no con una vestidura como la que tuviste desde el primer nivel de la comunicación divina, sino con una vestidura legislativa, recuerda que se te está concediendo la oportunidad de estar en **el nivel de las apelaciones** donde dependerá de los argumentos que presentes jurídica y espiritualmente, para cambiar el veredicto final.

Para estar en la corte suprema de justicia celestial, es necesario considerar también tu interior para que Satanás no tenga argumentos para invalidar tu apelación donde solicitas la revocación de una sentencia que ya fue procesada; en ese lugar está el juez justo que es Dios Padre, el abogado por excelencia que el Señor Jesucristo, el fiscal acusador es Satanás, está el acusado que es un creyente pidiendo misericordia; también hay autoridades que son los ministerios primarios, en el tribunal están las ayudas ministeriales y de testigo están los espíritus, dentro de los cuales pueden llegar tanto los que Dios envió a favor del acusador como espíritus ministradores, así también espíritus inmundos para apoyar la acusación del diablo.

Esa es la razón por la cual hoy la Iglesia de Cristo a la cual perteneces, está siendo llamada a ser responsable de la función que le corresponde en el mundo espiritual porque no habrá otra entidad que ejerza el lugar que te corresponde; son cinco los niveles de la comunicación divina: oración, clamor, gemido, intercesión hasta llegar a las apelaciones; en conjunto es una función propia del organismo que Jesús llamó en su primera mención **MI IGLESIA**.

Apóstol Mario Rivera.

Los Niveles De La Comunicación

Capítulo 1

En determinado momento podemos preguntarnos por qué nosotros llegamos delante de la presencia de Dios con algunas actitudes.

2 Crónicas 20:9 (LBA) Si viene mal sobre nosotros, espada, juicio, pestilencia o hambre, nos presentaremos delante de esta casa y delante de ti (porque tu nombre está en esta casa), y clamaremos a ti en nuestra angustia, y tú oirás y nos salvarás.

Vemos en el versículo anterior que sí suceden determinadas situaciones en nuestra vida; eso nos hace llegar delante de Dios con un clamor por delante, éste se origina en lo más profundo de nuestras entrañas por motivo de la angustia que está causando aquel mal que de pronto ha llegado. Sin embargo, también es necesario resaltar el hecho que al clamor a Dios también debemos añadirle el ingrediente esencial: la fe, para que podamos estar confiados en que la salvación de Dios llegará a nuestra vida en el momento que Él así lo determine.

Lucas 18:7 (LBA) ¿Y no hará Dios justicia a sus escogidos, que claman a Él día y noche? ¿Se tardará mucho en responderles?

Vemos otro versículo que habla claramente del clamor para que Dios haga descender Su justicia, pero también es necesario ver que entra en escena la parte jurídica que se mueve en los ambientes espirituales, lo que se encuentra dentro de un régimen de derechos espirituales; es precisamente por eso que en el versículo anterior se menciona la palabra justicia; y finalmente también debemos resaltar el factor tiempo, por cuando el mismo versículo nos dice que Dios no se tarda en responder.

Pero entonces lo que debemos señalar es que en el momento cuando el alma es reducida a total angustia, viene a conformar lo que entonces se obtiene como resultado de la impotencia humana ante determinadas situaciones, pero también ese clamor ocupa un lugar muy importante, por cuanto es la vía de acceso más rápida a la que nosotros podemos acudir sabiendo que Dios responderá a nuestro clamor; porque también debemos saber que existen otros niveles de comunicación que Dios nos ha permitido aprender, el cual podemos citar como el más básico, lo que conocemos como la oración.

Oración

Pero entonces ¿qué es la oración?, podemos decir que uno de los conceptos de la oración es el siguiente: la articulación de palabras con entendimiento, por eso el Señor Jesucristo enseñó a Sus discípulos a que oraran con entendimiento, pero que también lo hicieran bajo la misma perspectiva legal.

Gemido

Adicionalmente también podemos mencionar lo que conocemos como el gemir, lo cual es otro nivel y lo podemos definir como una oración en el espíritu y ayudado por el Espíritu Santo, por cuanto la misma Biblia menciona el gemir con dichos indecibles, palabras que no podemos comprender claramente al oído humano, porque a lo más que podemos llegar es a escuchar sonidos.

-NIVEL JURÍDICO-

Intercesión

Otro nivel jurídico es la intercesión, pero este nivel viene acompañado de un sentir muy espiritual por cuanto deja de ser una petición propia y se convierte en una petición para otra persona, lo cual viene a constituirnos entonces en intercesores; es alguien que se niega a sí mismo y llega delante de Dios para presentar las peticiones de otras personas, las necesidades de otros y es de esa misma forma como al presentar las peticiones del pueblo de Dios, las propias desaparecen.

Clamor

Pero aún existe otro nivel de comunicación con Dios en medio de la angustia, el cual lo hemos llamado: clamor, el cual podemos definirlo como la insistencia en pedir algo, acompañado de diferentes sentimientos, razón por la cual también es la manifestación del llanto y súplica en medio de gritos quizá; pero lo que puede llamar la atención es que el clamor implica un gran porcentaje de sentimientos y emociones que se encuentran en el alma de cada persona.

El punto de partida del clamor, es el alma; por eso vemos en los diferentes diccionarios que podemos utilizar, la palabra clamor deja ver que es del alma de donde saldrá el clamor que se levantará acompañado de sentimientos y emociones; considerando que si el alma está saludable, entonces ese clamor llegará hasta la presencia del Dios vivo y Su respuesta puede llegar más pronto de lo que lo esperábamos. Por eso necesitamos tener nuestra alma sujeta a las cosas de Dios y que esté fortalecida en Él, porque un alma que esté lamentándose por situaciones netamente terrenales, difícilmente puede presentarse delante de Dios en calidad de intercesora; porque debemos saber que el clamor involucra directamente el alma, pero también es necesario comprender que no habrá clamor, sin una previa batalla espiritual; porque el clamor de una persona entra automáticamente a una esfera para pelear una batalla espiritual.

Pero entonces, si el clamor llega como resultado de una angustia que obra para bien, con el propósito que aquella persona deje de confiar en su propia fuerza y entonces pueda confiar y depender de Dios, tener la certeza, fe o confianza de que Dios obrará como consecuencia del clamor que ha llegado a la presencia de Dios. Otra de las razones por las que puede llegar el clamor, es como producto de una desesperación del alma por algún peligro que está viviendo el alma, por la necesidad o la indignación del momento que se está viviendo.

Lucas 18:3-7 (LBA) Y había en aquella ciudad una viuda, la cual venía a él constantemente, diciendo: "Hazme justicia de mi adversario." Por algún tiempo él no quiso, pero después dijo para sí: "Aunque ni temo a Dios, ni respeto a hombre alguno, sin embargo, porque esta viuda me molesta, le haré justicia; no sea que por venir continuamente me agote la paciencia." Y el Señor dijo: Escuchad lo que dijo* el juez injusto. ¿Y no hará Dios justicia a sus escogidos, que claman a El día y noche? ¿Se tardará mucho en responderles?

En esta cita podemos ver a una persona que va ante un juez que no teme a Dios, sin embargo, está exigiendo que le hagan justicia, porque el principio jurídico espiritual se activará para que llegue la respuesta del clamor que se está realizando delante de Dios; por cuanto vemos las diferentes situaciones que se movilizan en nuestra contra, pero que serán removidas con una sola palabra que nuestro Dios pronuncie, por eso, como ya lo señalamos, el clamor nos llevará a una batalla espiritual, el clamor no puede ser pacífico por cuanto es el producto de muchas cosas que se confabulan en nuestro interior por la misma razón que el clamor, según nos deja ver la Biblia, conlleva momentos de declaraciones, momentos de confrontaciones, momentos de decretos, momentos de palabras que se expresan producto de un deseo esperando que Dios obre poderosamente para aniquilar completamente aquellos que nos está estorbando.

El Secreto De La Oración

Capítulo 2

El hombre como tal y con el grado de inteligencia que Dios le ha dado; pudo desarrollarse a lo largo de su historia encontrando diferentes modos de comunicación; una inteligencia que según los científicos, hoy día está siendo utilizado en una mínima potencia en términos generales de lo que realmente podría alcanzar.

Por eso es que en determinado momento vemos personas que son consideradas como genios, porque su coeficiente intelectual alcanza porcentajes que son exageradamente altos, sin embargo, han sido considerados genios con la poca diferencia que puedan alcanzar arriba de lo normal, no obstante que no logran desarrollar ese coeficiente en su totalidad, sus actividades cotidianas los ubican en un punto que la humanidad los llega a exaltar y cuando se trata de comunicación con el resto del mundo, ellos logran traspasar el límite que normalmente otra persona podría alcanzar, por ejemplo: el lenguaje de la música; algunos músicos o cantantes son considerados genios porque según el mundo, han logrado trasladar su mensaje a través de la música, aunque también científicamente se ha comprobado, no tienen el mismo coeficiente mental que el resto de la humanidad y eso los hace que alcancen el término de genios.

Sin embargo, el autor de todos los medios de comunicación habidos y por haber, permite que se logre la comunicación entre Él y Su Iglesia a través de la oración; aunque nosotros seamos la corona de la creación, por causa del pecado, nos veamos degradados en nuestro coeficiente intelectual, caímos al nivel de ser considerados por Dios mismo como lo vil y menospreciado del mundo, lo necio, lo que no es; pero que siendo nada, Él nos toma en Su manos para que entonces lo sabio del mundo sea avergonzado y aunque tengamos un coeficiente normal al que tiene el resto de la humanidad; podamos hablar con Jehová de los ejércitos, quien puede tener el lenguaje más complejo que ningún genio por más que tenga el coeficiente intelectual completo, no podría comunicarse con Dios si no es por Su gracia, favor y amor.

Santiago 5:17-18 (LBA) Elías era un hombre de pasiones semejantes a las nuestras, y oró fervientemente para que no lloviera, y no llovió sobre la tierra por tres años y seis meses. Y otra vez oró, y el cielo dio lluvia y la tierra produjo su fruto.

En esta cita puedo ver que Elías, siendo un Profeta de Dios, sujeto a debilidades como las que tú y yo podemos tener, encontró la vía de acceso para poder entrar hasta el trono de Dios y hablarle a través de la oración, pero con esto surgen interrogantes en el ambiente: ¿cuál es la oración ideal para llegar delante de Dios?, ¿será la oración que tiene una duración de cinco minutos o la que tiene duración de una hora?

La Calidad de La Oración

Sabemos que Dios no hace acepción de personas, para Él no hay judío, ni griego que pueda no entrar a Su presencia orando, no consiste en la calidad de palabras más refinadas con las que podamos llegar delante de Dios; lo que Él pesará es la sinceridad de nuestras palabras y su procedencia:

1.- Que salgan del corazón.
2.- Que salgan del espíritu.

Dios pesará nuestra oración para examinarla y ver si de alguna manera nos hemos dejado llenar de religiosidad y solamente hablamos palabras vanas sin sentido que quizá ni tú ni yo podríamos entender lo que decimos, si no somos guiados por el Espíritu Santo.

En la Biblia encontramos una de las oraciones más largas, manifestada por boca de Daniel en el capítulo nueve, empezando en el versículo 3 y terminando en el versículo 19, aunque realmente nuestro Señor Jesucristo, nos deja plasmada una oración en el evangelio de San Juan capítulo 17, que consta de 26 versículos; pero fuera de las oraciones que Jesús hizo, y visto desde el punto de vista como hombre, podemos decir entonces que fue Daniel el que deja una de las oraciones más largas siendo él un Profeta del Antiguo Testamento; para alcanzar la respuesta a su oración en 2 versículos de la siguiente forma:

Daniel 10:11-12 (LBA) Y me dijo: Daniel, hombre muy estimado, entiende las palabras que te voy a decir y ponte en pie, porque ahora he sido enviado a ti. Cuando él me dijo estas palabras, me puse en pie temblando. Entonces me dijo: No temas, Daniel, porque desde el primer día en que te propusiste en tu corazón entender y humillarte delante de tu Dios, fueron oídas tus palabras, y a causa de tus palabras he venido.

Luego nos encontramos en el Nuevo Testamento, por boca del Apóstol Pedro, una de las oraciones más cortas:

Mateo 14:30 (LBA) Pero viendo la fuerza del viento tuvo miedo, y empezando a hundirse gritó, diciendo: ¡Señor, sálvame!

Entonces no podemos catalogar una oración como mala, buena o excelente por el tiempo de duración o el lugar donde se ore; porque al final, podemos ver que tanto el Profeta Daniel como el Apóstol Pedro, obtuvieron la justa respuesta del Señor en el momento cuando debía llegar después que Dios la examinó respecto a su proveniencia: del corazón y del espíritu.

La Restauración de La Oración

Pero entonces es muy interesante que Dios esté sumamente interesado en que tengamos una oración constante, una constante comunicación con Él y que aun en el Nuevo Testamento se pueda ver como un secreto la forma en la que se deba orar, considerando con esto que la oración es un principio eterno, la comunicación con Dios la vemos establecida entre Él y Adán a partir del momento en que el hombre fue hecho, porque lo que Dios hizo fue sentar los principios eternos una vez que creo dentro del tiempo, lo hizo con el propósito de dejar las herramientas necesarias para que el hombre tuviera la luz y que las tinieblas no completen sus propósitos.

Lucas 18:1 (LBA) Y les refería Jesús una parábola para enseñarles que ellos debían orar en todo tiempo, y no desfallecer...

Vuelve la interrogante, pero ahora yo lo veo más encriptado, porque Jesús está enseñando respecto a la oración, sin embargo, lo hace a través de una parábola, ¿no era para la gente de aquel entonces y aun para la gente de hoy, comprender plenamente una parábola, como para explicar un principio eterno como lo es la oración, pero hacerlo a través de una especie de secreto?, continuaré con otros puntos para que pueda darme a entender que en la oración realmente existe un secreto y que se activa delante de la presencia de Dios, cuando verdaderamente se fluye del corazón y del espíritu.

PATRONES DE ORACIÓN

Vemos en la Biblia versión BLA y KJV, específicamente en la cita de 1 Reyes 18:36-38, el Profeta Elías ora para que descienda fuego del cielo con 63 palabras; posteriormente vemos que vuelve a orar con el rostro a tierra, pero esta vez lo hace 7 veces en la cita de 1 Reyes 18:41:43, lo que estoy dando a entender es que existe una combinación de palabras en las oraciones que podemos articular, las cuales puede ser debidamente ordenas por el Espíritu Santo si estamos fluyendo del corazón y como consecuencia la actitud que adopte nuestro cuerpo será igualmente considerada pero como consecuencia de la forma en que estemos fluyendo delante de Dios.

Las Llaves de La Oración

Capítulo 3

Cuando Jesús le enseña a Sus discípulos a orar, es en la cita del evangelio de San Mateo 6:9-13, nuevamente podemos ver que existen 70 palabras; ahora bien, el número 70 me habla de plenitud, me habla de perfección, aunque eso no significa que si nuestra oración llega al cumplimiento de 70 palabras alcanzaremos el favor de la respuesta de Dios, sino más bien en la espiritualidad con la que sea presentada la oración ante el trono de nuestro Señor Jesucristo. No obstante, esto me vino a mostrar que el éxito de la oración está basado en 3 posiciones:

La posición: la oración no me exige una posición, porque entonces estaría cayendo en religiosidad; sin embargo, mi posición al momento de orar, demostrará cuál es la condición de mi corazón.

De Pies, de rodillas o postrado

DE PIE Y POSTRADO: El Profeta Elías, estando en el monte Carmelo, oro en pie para pedir que descendiera fuego para justicia, pero debemos considerar que al orar en pie, eso determinará nuestra integridad, determinación, perseverancia, sinceridad y fidelidad; de tal manera que si alguien es practicante del pecado y se atreve a orar de esa forma para pedir juicio, podría atraerlo pero a su vida por estar en pie siendo pecador. Posteriormente vemos que el Profeta Elías oró para que descendiera agua, lo hizo postrado, en una posición de humillación ante la bendición que estaba pidiendo, algunos ejemplos que puedo citar de estar postrado para pedir:

Jesús:
Mateo 26:38-39 (LBA) Entonces les dijo: Mi alma está muy afligida, hasta el punto de la muerte; quedaos aquí y velad conmigo. Y adelantándose un poco, cayó sobre su rostro, orando y diciendo: Padre mío, si es posible, que pase de mí esta copa; pero no sea como yo quiero, sino como tú quieras.

Esteban:
Hechos 7:60 (LBA) Y cayendo de rodillas, clamó en alta voz: Señor, no les tomes en cuenta este pecado. Habiendo dicho esto, durmió.

Quizá te surja la misma interrogante que yo tuve antes de recibir del Señor la respuesta a la siguiente pregunta: ¿por qué Esteban no esquivó las piedras?, la respuesta está en dos palabras: justo y humillado; como tú y yo debemos morir ante las situaciones que podamos estar viviendo, en lugar de estarte justificando, debes morir a ti mismo y entonces veras puesto en pie al Hijo de

Dios junto al Padre porque verá en tú corazón que Su justificación ha sido suficiente a tu vida.

LAS PALABRAS: Es necesario que tengamos conciencia de qué es lo que vamos a orar cuando dispongamos nuestros corazón, porque son una llave y son claves por cuanto rigen como leyes en nuestra oración. ¿Qué palabras?:

PEDIR: **Santiago 4:2** Codiciáis y no tenéis, por eso cometéis homicidio. Sois envidiosos y no podéis obtener, por eso combatís y hacéis guerra. No tenéis, porque no pedís.

AL PADRE: Mateo 18:19 Además os digo, que si dos de vosotros se ponen de acuerdo sobre cualquier cosa que pidan aquí en la tierra, les será hecho por mi Padre que está en los cielos.

EN EL NOMBRE DE JESUS: **Juan 15:16** "Vosotros no me elegisteis a mí; más bien, yo os elegí a vosotros, y os he puesto para que vayáis y llevéis fruto, y para que vuestro fruto permanezca; a fin de que todo lo que pidáis al Padre en mi nombre él os lo dé.

CON FE Y SIN DUDAR: **Santiago 1:6** Pero que pida con fe, sin dudar; porque el que duda es semejante a la ola del mar, impulsada por el viento y echada de una parte a otra.

CONFORME A SU VOLUNTAD: **1 Juan 5:14** Y esta es la confianza que tenemos delante de Él, que si pedimos cualquier cosa conforme a su voluntad, Él nos oye.

PARA SU GLORIA: *Efesios 3:20-21* Y a aquel que es poderoso para hacer todo mucho más abundantemente de lo que pedimos o entendemos, según el poder que obra en nosotros, a Él sea la gloria en la iglesia y en Cristo Jesús por todas las generaciones, por los siglos de los siglos. Amén.

Los Secretos de La Oración

Nuevamente podemos ver que existen puntos específicos que conforme el Espíritu Santo nos ha revelado, podemos tener la luz al respecto, por ejemplo: la Biblia nos deja ver que Jesús oró tres horas en la cuarta vigilia, ¿por qué no fueron dos horas o cuatro horas o quizá 30 minutos?, con respecto a esto puedo decirles que los romanos dividieron la noche en cuatro vigilias de tres horas cada vigilia:

- de las 6 p.m. a 9 p.m.
- de las 9 p.m. a las 12 de la noche
- de las 12 de la noche a las 3 a.m.
- de las 3 a.m. a las 6 a.m.

Otro detalle que pude encontrar en las tradiciones judías es la siguiente:

Que hay una hora donde el sol sale por el horizonte donde los siete rayos del sol solo se pueden ver por algunos minutos.
Siete espíritus:

Apocalipsis 4:5 Y del trono salían relámpagos y truenos y voces; y delante del trono ardían siete lámparas de fuego, las cuales son los siete espíritus de Dios.

En todo esto lo que puedo percibir a la vista natural es una numerología, sin embargo, existe un movimiento espiritual detrás de todo lo que vemos, porque entonces en esta hora del reino espiritual Dios te puede conceder la revelación que quizá por mucho tiempo has buscado, pero llega el momento en que finalmente la oración ha salido del corazón y es ahí donde Dios te ve y te activa la vista espiritual para que puedas comprender y ver con claridad el mensaje que siempre ha estado escrito en la Biblia, en el mismo lugar, pero a través de la oración finalmente Dios te responde porque eso mismo te servirá para contrarrestar los ataques que vienen de las tinieblas, por eso vemos que en determinado momento Jesús sube al monte a orar y le pide a tres de Sus discípulos que lo acompañen; en un poco podrás ver con claridad lo que ahí sucedió:

Mateo 26:37-45 (LBA) Y tomando consigo a Pedro y a los dos hijos de Zebedeo, comenzó a entristecerse y a angustiarse. Entonces les dijo: Mi alma está muy afligida, hasta el punto de la muerte; quedaos aquí y velad conmigo. Y adelantándose un poco, cayó sobre su rostro, orando y diciendo: Padre mío, si es posible, que pase de mí esta copa; pero no sea como yo quiero, sino como tú quieras. Vino entonces a los discípulos y los halló durmiendo, y dijo a Pedro: ¿Conque no pudisteis velar una hora conmigo? Velad y orad para que no entréis en tentación; el espíritu está dispuesto, pero la carne es débil. Apartándose de nuevo, oró por segunda vez, diciendo: Padre mío, si ésta no puede pasar sin que yo la beba, hágase tu voluntad. Y vino otra vez y los halló durmiendo, porque sus ojos estaban cargados de sueño. Dejándolos de nuevo, se fue y oró por tercera vez, diciendo otra vez las mismas palabras. Entonces vino a los discípulos y les dijo: ¿Todavía estáis durmiendo y descansando? He aquí, ha llegado la hora, y el Hijo del Hombre es entregado en manos de pecadores.

Subir significa:
Apartarte de las distracciones para crear una atmosfera espiritual.

En el momento cuando Jesús sube al momento para orar, estaba apartándose de todo aquello que podía interrumpir la comunicación divina con el Padre, porque Jesús estaba a punto de iniciar el calvario por el cual hoy tú y yo tenemos salvación; pero el punto realmente es que cuando tú te apartas para orar, te separas de todo aquello que te puede distraer y es entonces cuando se crea una atmosfera espiritual y es en ese momento cuando te pueden suceder eventos asombrosos que nunca imaginaste, por ejemplo:

Lucas 9:28-31 (LBA) Y como ocho días después de estas palabras, Jesús tomó consigo a Pedro, a Juan y a Jacobo, y subió al monte a orar. Mientras oraba, la apariencia de su rostro se hizo otra, y su ropa se hizo blanca y resplandeciente. Y he aquí, dos hombres hablaban con Él, los cuales eran Moisés y Elías, quienes apareciendo en gloria, hablaban de la partida de Jesús, que Él estaba a punto de cumplir en Jerusalén.

Podemos ver entonces que Moisés y Elías eran hombres que sostenían comunión con Dios estando en el monte y fue al monte donde descendieron para hablarle a Jesús sobre lo que debía padecer, pero antes de eso hubo otro tipo de manifestaciones que tú puedes alcanzar cuando llegas al punto de la oración en que no hay nada ni nadie que te pueda interrumpir, pero para eso es necesario estar en un lugar a solas.

Secreto: significa entrar en los secretos de Dios #5641 *cathar*

Mateo 6:6 (RVR1995) Pero tú, cuando ores, entra en tu cuarto, cierra la puerta y ora a tu Padre que está en secreto; y tu Padre, que ve en lo secreto, te recompensará en público.

Entonces cuando tú y yo oramos al Padre en lo secreto, obtenemos Su respuesta y Su recompensa es en público por cuanto puedes encontrar el camino para hablar a Dios pero no por una vana palabrería.

Palabrerías significa no ser conscientes de la oración.

Mateo 6:7 (RVR199) "Y al orar no uséis vanas repeticiones, como los gentiles, que piensan que por su palabrería serán oídos.

Entonces debemos cuidar nuestra vida de no caer en el error de los gentiles y para que Dios no nos vea como tales:

Como los gentiles: #1482 ETHNIKOS "un sobreviviente de la naturaleza pagana"

Oración con dolores de parto; significa orar para que venga un tiempo de cambio a nuestra vida.

Oración con aborto; significa que por causa de una opresión debemos orar para abortar el problema.

Oración normal; significa como forma de comunión.

Convertidos En Gente De Oración

Dios está sumamente interesado en que tú y yo seamos un pueblo que está en una íntima y constante comunión con Él, no solamente cuando tengas algún problema, sino que Dios desea escuchar tu voz todo el día y que cuando llegue el momento de la prueba a tu vida, también seas diestro con la espada del Espíritu la cual es Su Palabra:

Efesios 6:17-18 (LBA) Tomad también el YELMO DE LA SALVACION, y la espada del Espíritu que es la palabra de Dios. Con toda oración y súplica orad en todo tiempo en el Espíritu, y así, velad con toda perseverancia y súplica por todos los santos…

Hablar acerca de una persona de oración es algo que nos debe parecer interesante, porque solo se puede llegar a ser esa **persona** de oración si yo me convierto en eso. Llegar a ser un hombre y/o mujer de oración debe de ser una conversión también, pero eso no es solamente para los ministros del evangelio del Señor Jesucristo, esa conversión es para toda la gente que está en Cristo, porque la oración no es una opción en una gama celestial, sino una necesidad, si verdaderamente yo quiero estar con Dios y como consecuencia puedo ejercer la autoridad legal y espiritual en la tierra al invocar el poder que Dios me delega al mencionar el nombre de Jesús, como ejemplo, puedo describir las siguientes citas:

2 Crónicas 7:14 (LBA) …y se humilla mi pueblo sobre el cual es invocado mi nombre, y oran, buscan mi rostro y se vuelven de sus malos caminos, entonces yo oiré desde los cielos, perdonaré su pecado y sanaré su tierra.

Mateo 16:19 (LBA) Yo te daré las llaves del reino de los cielos; y lo que ates en la tierra, será atado en los cielos; y lo que desates en la tierra, será desatado en los cielos.

Mateo 18:18-20 (LBA) En verdad os digo: todo lo que atéis en la tierra, será atado en el cielo; y todo lo que desatéis en la tierra, será desatado en el cielo. Además os digo, que si dos de vosotros se ponen de acuerdo sobre cualquier cosa que pidan aquí en la tierra, les será hecho por mi Padre que está en los cielos. Porque donde están dos o tres reunidos en mi nombre, allí estoy yo en medio de ellos.

Lucas 18:1 (LBA) Y les refería Jesús una parábola para enseñarles que ellos debían orar en todo tiempo, y no desfallecer...

1 Tesalonicense 5:16-19 (LBA) Estad siempre gozosos; orad sin cesar; dad gracias en todo, porque esta es la voluntad de Dios para vosotros en Cristo Jesús. No apaguéis el Espíritu...

Basados en estas citas podemos decir que Dios nos ha delegado de Su autoridad para activar o desactivar en la tierra lo que habrá de suceder.

Las Acciones De Dios

Nuestras oraciones son de carácter **prorrogativo** eso significa que habrá acciones de parte de Dios a favor de nosotros después de haber orado, considerando que Él sabe de qué tenemos necesidad; no obstante, también me atrevo a decir algo que es muy delicado con respecto a esto, porque si nosotros no oramos, Dios no hará nada; Él espera que nosotros oremos para accionar, aunque podría ser que tú y yo oremos por la necesidad de otra persona y Dios vea también nuestra necesidad y entonces recibamos el favor de Dios a nuestra vida aunque no se lo hayamos pedido directamente, pero debe existir una oración, como una activación del favor de Dios para que Él lo envíe.

La Combinación De Dos Esferas

La oración es la combinación entre la tierra y el cielo, de lo terrenal y espiritual, entre el hombre y Dios, un ejemplo son las siguientes citas:

2 Crónicas 7:14 (LBA) ...y se humilla mi pueblo sobre el cual es invocado mi nombre, y oran, buscan mi rostro y se vuelven de sus malos caminos, entonces yo oiré desde los cielos, perdonaré su pecado y sanaré su tierra.

Mateo 6:9-10 (LBA) Vosotros, pues, orad de esta manera: "Padre nuestro que estás en los cielos, santificado sea tu nombre. "Venga tu reino. Hágase tu voluntad, así en la tierra como en el cielo.

Esto nos deja ver que Dios siempre usa al hombre como **intercesor**, ¿dónde lo podemos ver?:

1.- Antes del diluvio, usó las oraciones de Noé.
2.- Para crear una nación y llamarla escogida, usó la oración de Abraham.
3.- Para liberar a Israel, usó la oración de Moisés.
4.- Para traer a Israel de la cautividad Babilónica, usó las oraciones de Daniel.

Entonces podemos ver que la oración es un poder inherente en cada creyente que va desarrollándose en la medida que va convirtiéndose en una persona de **oración**.

La Fe Verdadera Para Orar

Es importante saber que para orar efectivamente debemos ser portadores de FE verdadera, con esto claramente estoy diciendo que no basta con decir que tengo fe, sino, tener fe verdadera.

2 Timoteo 1:5 (LBA) Porque tengo presente la fe sincera que hay en ti, la cual habitó primero en tu abuela Loida y en tu madre Eunice, y estoy seguro que en ti también.

2 Timoteo 1:5 (RVR1960) trayendo a la memoria la fe no fingida que hay en ti, la cual habitó primero en tu abuela Loida, y en tu madre Eunice, y estoy seguro que en ti también.

Según este versículo de la Biblia en las dos diferentes versiones que te presento, hay una **fe** no fingida; esto no sería necesario decirlo si no existiera la fe fingida porque debemos saber que hay una gran diferencia al decir: falta de fe, a decir: fe no fingida, el versículo anterior está estableciendo que si no se tiene una fe verdadera, se puede llegar a tener una FE equivocada.

La Gente De Oración Debe Orar Con Una Fe Verdadera

El hombre y la mujer que oran a Dios deben saber que Él solo escuchará al tener una fe verdadera; Dios puede responder en el momento que Él así lo considere necesario, de tal manera que nos responderá favorablemente para fortalecer nuestra fe, pero para eso es necesario que haya fe.

Hebreos 11:6 (LBA) Y sin fe es imposible agradar a Dios; porque es necesario que el que se acerca a Dios crea que Él existe, y que es remunerador de los que le buscan.

Este es el principio en el que Dios opera, todos nosotros fuimos creados para operar en este principio, porque fuimos hechos a su imagen.

Dios Opera Por Medio De Su Palabra

Nosotros fuimos creados para operar por medio de la palabra de fe, porque así opera quien nos creó.

Hebreos 11:3 (LBA) Por la fe entendemos que el universo fue preparado por la palabra de Dios, de modo que lo que se ve no fue hecho de cosas visibles.

Cuando Dios habló, el universo entró a la existencia, de esa misma forma nosotros operamos en la fe y por eso conviene orar.

Romanos 10:8-10 (LBA) Mas, ¿qué dice? CERCA DE TI ESTÁ LA PALABRA, EN TU BOCA Y EN TU CORAZÓN, es decir, la palabra de fe que predicamos: que si confiesas con tu boca a Jesús por Señor, y crees en tu corazón que Dios le resucitó de entre los muertos, serás salvo; porque con el corazón se cree para justicia, y con la boca se confiesa para salvación.

Cuando el Apóstol Pablo se refiere diciendo: **cerca de ti**, estaba dando a entender la palabra que **escuchas**, porque la Palabra de Dios debemos buscarla y al encontrarla atesorarla en nuestro corazón, escudriñarla, vivirla y como consecuencia enseñarla para que venga a acrecentar la fe en otros y aun en nuestra vida venga a fortalecernos cada vez más.

Lo Que Oímos Crea El Material Que Usamos Al Orar

Por eso debemos cuidarnos de lo que oímos, porque esto viene a ser una fuerte influencia en lo que usamos para orar, por ejemplo:

1. Palabras que oímos en la TV.
2. Lo que oímos en la radio.
3. Lo que oímos de las personas al lado nuestro, etc.

Lo que hablaremos entonces es la reflexión de lo que entró en nuestro oído, o lo que creímos.

Mateo 12:34-35 (LBA) ¡Camada de víboras! ¿Cómo podéis hablar cosas buenas siendo malos? Porque de la abundancia del corazón habla la boca. El hombre bueno de su buen tesoro saca cosas buenas; y el hombre malo de su mal tesoro saca cosas malas.

La Fe Viene Por El Oír

Romanos 10:17 (LBA) Así que la fe viene del oír, y el oír, por la palabra de Cristo.

La fe viene por oír y continuar oyendo la Palabra de Cristo, pero debe ser en un constante oír la Palabra de Dios. Esta es la responsabilidad que Dios le da a los predicadores y oidores: escuchar una buena palabra, buena enseñanza de Cristo, de nuestro Rey y de Su reino.

La Combinación De Lo Que Está Cerca Y De Lo Que Oímos

Aquí hay algo muy importante a lo que debemos prestar atención, esto es la clave en la oración.

El principio bíblico dice que la gente pide y no recibe porque pide mal (Santiago explica dos razones).

Santiago 4:2 (LBA) Codiciáis, y no tenéis; matáis y ardéis de envidia, y no podéis alcanzar; combatís y lucháis, pero no tenéis lo que deseáis, porque no pedís.

Interpretemos esto de la siguiente forma, primero: No tenéis porque NO oráis.

Santiago 4:3 (LBA) Pedís, y no recibís, porque pedís mal, para gastar en vuestros deleites.

Lo segundo es: no recibís aunque ores, porque oráis mal.

Entonces el punto clave para recibir o no recibir, es el siguiente:

Prestar atención a la combinación de los factores de la oración y es lo que está cerca y lo que oímos.

1.- Cerca de ti esta la Palabra: Esto significa la fuente que te da la palabra.

Romanos 10:8 (LBA) Mas, ¿qué dice? CERCA DE TI ESTÁ LA PALABRA, EN TU BOCA Y EN TU CORAZÓN, es decir, la palabra de fe que predicamos:

2.- La fe viene por el oír: Esto significa que depende la palabra que oyes, así es tu fe, por eso el verso aclara "La palabra de Cristo" (Lo que oímos crea fe en nosotros, sea verdadera, fingida o negativa).

Romanos 10:17 (LBA) Así que la fe viene del oír, y el oír, por la palabra de Cristo.

Si tu escuchas una buena enseñanza por una hora, cuídate de no oír cosas negativas por lo menos las siguientes ocho horas, porque lo que oyes viene a ser la **materia prima** de lo que hablarás y viene a ser la esencia en tus oraciones, entonces la **fe negativa** o **fingida** se fabrica por lo que negativo que oímos y la **mente** puede ser afectada en el momento de la oración, la clase de fe que tendremos viene por causa de la palabra que está **cerca de ti**.

La Prueba Científica

La **ciencia** ha comprobado lo que dice la Biblia, es decir, que lo que oímos repercute en la naturaleza, por ejemplo: hablarle positivo o negativo a una planta afecta en su crecimiento.

1. El experimento dice que la gente que le habló a la planta positivamente, su planta creció y floreció sin problemas.

2. Por otro lado, la gente que le habló a sus plantas en forma negativa, sus plantas se secaron. (Reportado en *"National Geographic"*).

Marcos 11:12-14 (LBA) Al día siguiente, cuando salieron de Betania, tuvo hambre. Y viendo de lejos una higuera que tenía hojas, fue a ver si tal vez hallaba en ella algo; pero cuando llegó a ella, nada halló sino hojas, pues no era tiempo de higos. Entonces Jesús dijo a la higuera: Nunca jamás coma nadie fruto de ti. Y lo oyeron sus discípulos.

Marcos 11:20-22 (LBA) Y pasando por la mañana, vieron que la higuera se había secado desde las raíces. Entonces Pedro, acordándose, le dijo: Maestro, mira, la higuera que maldijiste se ha secado. Respondiendo Jesús, les dijo: Tened fe en Dios.

Significa que debemos estar alrededor de gente que produce **fe verdadera**, por consiguiente es necesario que tú cuides de lo siguiente:

Ten cuidado con quien hablas.
Ten cuidado de lo que te hablan.
Ten cuidado de la música que escuchas.
Ten cuidado de lo oyes y ves en TV.
Recibe una buena enseñanza y no la desaproveches cuando vengas a la iglesia.

La Meditación De La Palabra Que Oímos

Meditar en la Palabra de Dios es absorber lo que oímos para que seamos impactados en nuestro espíritu, el problema es que Satanás le roba a muchos creyentes lo que oye, porque no saben el significado bíblico de **meditar** en la Palabra.

Mateo 13:19 (LBA) A todo el que oye la palabra del reino y no la entiende, el maligno viene y arrebata lo que fue sembrado en su corazón. Éste es aquel en quien se sembró la semilla junto al camino.

Cuando se habla de la clase de tierra desde este ángulo, se refiere a la actitud del que oye la Palabra.

El Proceso De Meditar

El proceso de meditar en la Palabra de Dios dará ventaja al hombre y a la mujer que oran.

Mateo 13:19 (LBA) A todo el que oye la palabra del reino y no la entiende, el maligno viene y arrebata lo que fue sembrado en su corazón. Éste es aquel en quien se sembró la semilla junto al camino.

Según este pasaje, la primera fase es sembrar la Palabra en el corazón.

Segunda fase, es grabarla en tu memoria, o sea, meditar en la Palabra.

Filipenses 4:8 (LBA) Por lo demás, hermanos, todo lo que es verdadero, todo lo digno, todo lo justo, todo lo puro, todo lo amable, todo lo honorable, si hay alguna virtud o algo que merece elogio, en esto meditad.

Esto es parecido al proceso de los dos estómagos que utiliza una vaca.

Toma la comida y la retiene en el primer estómago hasta que está llena.

El siguiente paso es buscar un lugar donde descansar para traer la comida de regreso a la boca y comenzar el proceso de **rumiar** (Meditar).

Cuando ya rumió y digirió la comida apropiadamente la envía al siguiente estómago.

De esta manera es fortalecida la vida del animal.

Meditar, es la habilidad de grabar el material que oímos en nuestra mente para ser utilizado de diferentes formas y recibir completo beneficio. Este es el proceso de la oración que Dios contesta.

Jeremías 1:12 (LBA) Y me dijo el SEÑOR: Bien has visto, porque yo velo sobre mi palabra para cumplirla.

Meditar es el aspecto más importante al leer la Palabra y al orar.

La mayor parte de los creyentes al orar no **meditan**, el 90% se mantiene hablando de ellos mismos. Cuando el creyente ora 20% y medita 80%, allí Dios habla al espíritu y a la mente por medio de Su Espíritu. No meditar en la oración es no dejar hablar a Dios. Cuando terminamos de orar y nos disponemos a salir de la oración, es entonces cuando Dios te dice... Hey! no te vayas, Yo no he hablado, ahora me corresponde hablar a mí y tú callarás... ahí es el momento cuando Dios habla y obtenemos la respuesta que buscábamos.

Conectados a La Mente De Dios

Al ser conscientes de la importancia de oír una palabra que produce fe y haber meditado en ella, el siguiente paso es la conexión con la **mente de Dios.**

Juan 17:21-23 (LBA) ...para que todos sean uno; como tú, oh Padre, en mí, y yo en ti, que también ellos sean uno en nosotros; para que el mundo crea que tú me enviaste. La gloria que me diste, yo les he dado, para que sean uno, así como nosotros somos uno. Yo en ellos, y tú en mí, para que sean perfectos en unidad, para que el mundo conozca que tú me enviaste, y que los has amado a ellos como también a mí me has amado.

Cuando vemos en la cita que señala el hecho de ser uno, eso significa tener los mismos pensamientos.

En otros términos es llamado comunión.

Cuando el Espíritu de Dios desea hablarnos de manera intima, el 99% de veces lo hace a tu mente a través de tu espíritu.

Juan 5:19-20 (LBA) Respondió entonces Jesús, y les dijo: De cierto, de cierto os digo: No puede el Hijo hacer nada por sí mismo, sino lo que ve hacer al Padre; porque todo lo que el Padre hace, también lo hace el Hijo igualmente. Porque el Padre ama al Hijo, y le muestra todas las cosas que él hace; y mayores obras que estas le mostrará, de modo que vosotros os maravilléis.

Estar en **comunión** con Dios es tomar Sus pensamientos, Sus ideas, Sus impresiones, Sus sugerencias, Sus palabras. Por otro lado, orar es manifestar los pensamientos y las palabras que la **fuente** nos provee. Por eso cuando decimos: Padre nuestro, estamos diciendo: mi fuente, mi sustentador.

Por eso debemos considerar que las palabras son la manifestación del pensamiento, son la extensión de nuestros pensamientos, de tal manera que si llevamos la Palabra de Dios en nuestro pensamiento y ésta fluye en nuestros labios; cuando oremos igualmente tendremos el lenguaje adecuado para comunicarnos con Dios.

La Revelación De

La Oración Del Reino

Recientemente escuche decir a un hermano que es necesario restaurar la oración que nuestro Señor Jesús enseñó a Sus discípulos. La religión utilizó esta oración tan poderosa y profunda como penitencia por causa del pecado; a la gente como castigo de su pecado la mandaban a rezar varios padres nuestros, de manera que se ha pasado por alto el significado de las palabras que Cristo dijo en esa oración, no obstante, que esa oración se puede considerar como la oración del reino o la oración apostólica, de manera que hoy necesitamos restaurar esta oración.

Lucas 11:1-4 (LBA) Y aconteció que estando Jesús orando en cierto lugar, cuando terminó, le dijo uno de sus discípulos: Señor, enséñanos a orar, así como Juan enseñó también a sus discípulos. Y Él les dijo: Cuando oréis, decid: "Padre, santificado sea tu nombre. Venga tu reino. "Danos hoy el pan nuestro de cada día. "Y perdónanos nuestros pecados, porque también nosotros perdonamos a todos los que nos deben. Y no nos metas en tentación."

Este pasaje dice que uno de sus discípulos le pidió al Señor que les enseñara a orar; ellos habían visto al Señor hacer milagros: multiplicando los panes, liberaciones, sanidades, etc., y de pronto le hacen una petición: Señor "**enséñanos**" a orar. ¿Por qué querían aprender a orar?, ellos entendían que el poder para las obras que el Señor realizaba era el fruto de su vida de oración.

Lucas 5:15-16 (LBA) Y su fama se difundía cada vez más, y grandes multitudes se congregaban para oírle y ser sanadas de sus enfermedades. Pero con frecuencia Él se retiraba a lugares solitarios y oraba.

Estructura De La Oración

A partir de este punto enseñaré algunas de las palabras que Jesús utilizó en la oración:

1. Padre nuestro.
2. Venga tu reino.
3. El pan nuestro.
4. Perdona nuestras deudas como…
5. Tentación.
6. Líbranos del mal.

Las Áreas Que Cristo Mencionó

Venga tu Reino…

La oración de este tiempo es pedir que venga Su Reino; ninguna otra cosa debe ser más importante en este tiempo que anhelar la dimensión del Reino de Dios, porque hay muchas cosas que deben venir a nosotros de Su Reino, pero sin pedir que venga Su Reino, nunca las veremos. Lo diré de otra manera: hay muchas cosas que ya están, pero no las veremos hasta que digamos... venga tu Reino.

Hágase tu voluntad...

El pan nuestro de cada día...

Provisión en medio de la recesión o crisis económica.

Perdona nuestras deudas...
Liberarnos de ataduras espirituales, económicas, etc.

No nos dejes caer en tentación...
El antesala del pecado... del mal.
Creer que estas libre de tentación es el problema más grande (Cuando eso pasa te colocas en ella).
Las Tentaciones son basadas en resistencia. (Dios da la salida).

Líbranos del mal...
Líbranos del mal se explica desde 2 puntos de vista:

1.- El mal que está a nuestro alrededor.
2.- Del mal que está a dentro de nosotros.

Todas esas palabras tienen mucha importancia y por ello necesitan una explicación, por ejemplo: Jesús dijo que pidiéramos… "Líbranos del mal":

Mateo 6:9-13 (LBA) Vosotros, pues, oraréis así: Padre nuestro que estás en los cielos, santificado sea tu nombre. Venga tu reino. Hágase tu voluntad, como en el cielo, así también en la tierra. El pan nuestro de cada día, dánoslo hoy. Y perdónanos nuestras deudas, como también nosotros perdonamos a nuestros deudores. Y no nos dejes caer en tentación, mas líbranos del mal; porque tuyo es el reino, y el poder, y la gloria, por todos los siglos. Amén.

El mal que nos pueda llegar o el mal que podamos hacer y por eso líbranos Señor.

Si pedimos "Líbranos del mal" ¿será que la gente buena puede hacer el mal o cosas malas?

Mencionó también lo que se podría considerar el centro del caminar cristiano y fue mencionar el **perdón**.

Perdona Nuestras Deudas

Cuando se habla del perdón en esta oración podemos entender que es algo de mucha importancia en el estilo de vida del Reino:

Mucha gente no practica ese estilo de vida porque desconoce el verdadero significado del perdón. Por esa razón alguno se han privado de grandes victorias y otros están sufriendo las consecuencias.

Hoy examinaremos el significado del perdón. Porque es necesario saber lo que es y lo que no es el perdón.

Mateo 6:12 (LBA) Y perdónanos nuestras deudas, como también nosotros perdonamos a nuestros deudores.

El Perdón Una Capacidad

La capacidad para perdonar tiene que ver con el nivel de la madurez de una persona.

Mucha gente tiene mucho tiempo de estar asistiendo a la iglesia, pero son incapaces de perdonar, eso no es madurez.
Hay una gran diferencia entre ser viejos en la iglesia y estar en un nivel de madurez, no debemos confundir los términos.

La falta del perdón está relacionada con la debilidad de una persona.

Débil: #769 ASTHENIA significa; Débil, frágil, enfermo.

Así como existen creyentes débiles en alguna área y pecan, así mismo es considerado el que es incapaz de perdonar; débil que peca.

Definición Del Perdón

- Perdonar no significa que "No habrá consecuencias".

- Perdonar no quiere decir que la acción, no tendrá reacción o repercusiones.

- Perdonar es la forma de Cristo para continuar tu vida.

- Perdonar no significa que siempre vas a aceptar todos los insultos, que dejaras que te hagan sufrir y siempre llevar la peor parte de la vida.

- Perdonar no es una marca de debilidad.

- Mucha gente se niega a perdonar porque creen que eso significa ser una persona débil.

- El NO perdonar es sinónimo de amargado y eso es ser una persona débil.

Amargado

- Es la posición de uno sin poder genuino.

- Es uno que usa un poder espiritual contario al del Reino de Dios.

- Es uno que siempre se queja.

- Es el factor de uno que dice y piensa que tiene derecho de hacer cualquier cosa porque está muy enojado.

Perdonar es uno que conserva su fuerza, su poder para elegir perdonar, para elegir lo correcto.
Conserva su fuerza porque es fácil perdonar cosas fáciles, pero es muy difícil perdonar cosas grandes y por eso Dios le conserva su fuerza. Ahí se denota su fuerza y madurez.

¿Qué Es El Perdón?

El perdón es el centro del caminar cristiano.

El perdonar es lo que te hace recibir el perdón.

Mateo 6:12 (LBA) *Y perdónanos nuestras deudas, como también nosotros perdonamos a nuestros deudores.*

Dios es la base del perdón.

– La base no es la persona que recibe el perdón.
– La base tampoco es la persona que perdona.
– Significa: Que no necesitas ver a la persona cara a cara para perdonar.
– Ni si quiera esperar que te pidan perdón. No hay Escritura que diga: "hasta que te pidan perdón, debes perdonar".

El perdón debe de ser practicado, porque "Yo" voy a necesitar ser perdonado en el futuro.

No siempre serás tú la víctima o el blanco de ataques. En cualquier momento puedes ser tú el que ataque o cause dolor a otra persona y en ese momento serás tú quien necesite recibir el perdón.

No se necesita de la colaboración de otra persona para perdonar.

No se necesita un permiso o aprobación para perdonar, ¿Será que lo perdono?

Nadie debe, ni puede cambiar la forma del perdón.

El perdón no significa que estás obligado a confiar 100% de nuevo en la otra persona.

El perdonado debe colaborar en el proceso de la restauración de la confianza.

Perdón y restauración son dos cosas diferentes. Para que yo perdone no necesito colaboración de nadie, pero quien recibió el perdón sí necesitará colaboración para ser restaurado.

El que no perdona cae en tormento.

El tormento es el derecho legal que el mundo espiritual tiene para atormentar a una persona.

Mateo 18:21-35 (LBA) Entonces se le acercó Pedro, y le dijo: Señor, ¿cuántas veces pecará mi hermano contra mí que yo haya de perdonarlo? ¿Hasta siete veces? Jesús le dijo: No te digo hasta siete veces, sino hasta setenta veces siete. Por eso, el reino de los cielos puede compararse a cierto rey que quiso ajustar cuentas con sus siervos. Y al comenzar a ajustarlas, le fue presentado uno que le debía diez mil talentos. Pero no teniendo él con qué pagar, su señor ordenó que lo vendieran, junto con su mujer e hijos y todo cuanto poseía, y así pagara la deuda. Entonces el siervo cayó postrado ante él, diciendo: "Ten paciencia conmigo y todo te lo pagaré." Y el señor de aquel siervo tuvo compasión, y lo soltó y le perdonó la deuda. Pero al salir aquel siervo, encontró a uno de sus consiervos que le debía cien denarios, y echándole mano, lo ahogaba, diciendo: "Paga lo que debes." Entonces su consiervo, cayendo a sus pies, le suplicaba, diciendo: "Ten paciencia conmigo y te pagaré." Sin embargo, él no quiso, sino que fue y lo echó en la cárcel hasta que pagara lo que debía. Así que cuando vieron sus consiervos lo que había pasado, se entristecieron mucho, y fueron y contaron a su señor todo lo que había sucedido. Entonces, llamándolo su señor, le dijo: "Siervo malvado, te perdoné toda aquella deuda porque me suplicaste. "¿No deberías tú también haberte compadecido de tu consiervo, así como yo me compadecí de ti?" Y enfurecido su señor, lo entregó a los verdugos hasta que pagara todo lo que le debía. Así también mi Padre celestial hará con vosotros, si no perdonáis de corazón cada uno a su hermano.

Una persona que no perdona viene a ser solitaria, su círculo de amistades se va reduciendo.

Una persona que no perdona viene a ser afectada hasta en su cuerpo con enfermedades como: migrañas, dolor de huesos, efectos en el sistema inmunológico, etc.

El perdón es para el creyente, porque Dios no creó o diseñó al hombre para que pueda soportar la carga que produce el no perdonar.

Solo Cristo puede llevar la carga del pecado de otras personas.

Efesios 4:30-32 (LBA) Y no entristezcáis al Espíritu Santo de Dios, por el cual fuisteis sellados para el día de la redención. Sea quitada de vosotros toda amargura, enojo, ira, gritos, maledicencia, así como toda malicia. Sed más bien amables unos con otros, misericordiosos, perdonándoos unos a otros, así como también Dios os perdonó en Cristo.

La Cultura del Acuerdo

Capítulo 4

Recientemente impartimos una clase en nuestra iglesia y estudiamos acerca de la importancia de las relaciones o conexiones espirituales a lo Cornelio, a lo Ananías y a lo Bernabé. Para entender como Dios opera en **relaciones** y llevarnos a otro **nivel** de vida espiritual, son necesarias esas conexiones, uno de los principios es entender el poder que tiene el **acuerdo**, y es por eso que deseo hablar acerca del "Poder del acuerdo", porque el acuerdo es una **cultura** del Reino de Dios que nosotros posiblemente no estamos acostumbrados a practicar.

El Acuerdo Opera en:
- Opera en el Reino de Dios.
- Es para que opere en nuestras casas y nos vaya bien.
- Está para operar en los trabajos o negocios.
- Esta y debe de operar en la iglesia.

La Biblia dice al respecto:

Amós 3:3 (NVI) *¿Pueden dos caminar juntos sin antes ponerse de acuerdo?*

De manera que hay algo muy poderoso en el acuerdo.

La Cultura del Acuerdo

El acuerdo es el precursor del poder de Dios, nosotros experimentamos ese poder cuando nos mantenemos en **unidad,** de tal manera que unidos en Cristo, en mente, en visión, en acorde, alcanzaremos la victoria contra nuestros enemigos. Por otro lado debes saber que Satanás trabaja contra el **acuerdo** y a través de la **división**, o sea división de ideas, de mente, de visión, etc.

Mateo 18:18-20 (LBA) En verdad os digo: todo lo que atéis en la tierra, será atado en el cielo; y todo lo que desatéis en la tierra, será desatado en el cielo. Además os digo, que si dos de vosotros se ponen de acuerdo sobre cualquier cosa que pidan aquí en la tierra, les será hecho por mi Padre que está en los cielos. Porque donde están dos o tres reunidos en mi nombre, allí estoy yo en medio de ellos.

Muchas personas pierden el poder o nunca lo han tenido porque no entienden el poder del acuerdo, es decir, no tienen esa cultura; porque el acuerdo es una cultura del Reino de Dios que nos facilita una atmósfera particular para una función del Espíritu.

NOTA: Diré algo bien delicado: Satanás usa el poder del acuerdo con aquellos que menosprecian a los cristianos, el acuerdo le funciona al reino de las tinieblas para sus planes contra la iglesia, familias e individuos, un pasaje bíblico en el que podemos encontrar esto es el siguiente:

La Torre De Babel

Génesis 11:4-9 (LBA) Y dijeron: Vamos, edifiquémonos una ciudad y una torre cuya cúspide llegue hasta los cielos, y hagámonos un nombre famoso, para que no seamos dispersados sobre la faz de toda la tierra. Y el SEÑOR descendió para ver la ciudad y la torre que habían edificado los hijos de los hombres. Y dijo el SEÑOR: He aquí, son un solo pueblo y todos ellos tienen la misma lengua. Y esto es lo que han comenzado a hacer, y ahora nada de lo que se propongan hacer les será imposible. Vamos, bajemos y allí confundamos su lengua, para que nadie entienda el lenguaje del otro. Así los dispersó el SEÑOR desde allí sobre la faz de toda la tierra, y dejaron de edificar la ciudad. Por eso fue llamada Babel, porque allí confundió el SEÑOR la lengua de toda la tierra; y de allí los dispersó el SEÑOR sobre la faz de toda la tierra.

Babel #0894; Confusión por mixtura, es decir, muchas cosas mezcladas, ejemplo: muchas opiniones, muchas ideas, muchas mentes, muchas lenguas, etc., es decir, no más **acuerdo** sino desacuerdo. Notemos algo tremendo en esto, Babel es una historia negativa, sin embargo, contiene **principios positivos**. La torre de Babel es el esfuerzo humano y diabólico contra Dios pero contiene principios positivos que la gente de Dios ha menospreciado.

Los Principios De La Torre De Babel

Los principios de la torre de Babel no es copiar al diablo, sino que el diablo copió a Dios porque vio que la gente de Dios menosprecia este principio, no lo entiende, no tienen la cultura del acuerdo.

1. Se pusieron de **acuerdo** y dijeron: Vamos edifiquemos (V.1)
2. Para ello: Se unieron en un **solo pueblo** (V. 6)
3. Todos ellos: Hablaban la misma lengua (V. 6)
4. Platicaban de la misma idea, era el mismo mensaje, era el mismo acuerdo.
5. El resultado: nada era imposible para ellos (V. 7)

El reino de Satanás no está dividido:

El mismo Señor Jesús dijo que Satanás no está dividido. Me impresiona demasiado comprender que el reino de las tinieblas tiene "La cultura del acuerdo" y el pueblo de Dios no.

Lucas 11:18 (LBA) Y si también Satanás está dividido contra sí mismo, ¿cómo permanecerá en pie su reino? Porque vosotros decís que yo echo fuera demonios por Beelzebú.

Si alguien quiere tener poder, debe de encontrar a alguien con quién se ponga de acuerdo, de manera que el acuerdo funciona para lo bueno y para lo malo.

El principio es: donde hay acuerdo hay poder.

Pero Dios bendecirá solamente el acuerdo para su propósito.

Proverbios 13:20 (LBA) El que anda con sabios será sabio, mas el compañero de los necios sufrirá daño.

Acuerdos negativos: hay acuerdos malos, negativos que no llevan la bendición de Dios, sino la motivación diabólica.

- Gente deprimida en acuerdo con otro deprimido.
- Gente equivocada en acuerdo con otro equivocado.
- Gente resentida en acuerdo con otro resentido.

- Gente molesta en acuerdo con otro molesto.
- Gente en rebelión en acuerdo con otro rebelde, etc.

Acuerdos positivos y bendecidos: Hay muchas bases bíblicas para ver como Dios bendice los acuerdos positivos.

- Adoradores en acuerdo con otro adorador
- Amadores de la Palabra en acuerdo con otro que ama la Palabra.
- Gente feliz en acuerdo con otro feliz.
- Gente temerosa de Dios en acuerdo con otro que teme a Dios, etc.

Cuando cuidamos con quien hacemos acuerdos, sabremos hacia que camino nos dirigimos, por eso la Biblia dice:

Salmo 1:1-2 (LBA) ¡Cuán bienaventurado es el hombre que no anda en el consejo de los impíos, ni se detiene en el camino de los pecadores, ni se sienta en la silla de los escarnecedores, sino que en la ley del SEÑOR está su deleite, y en su ley medita de día y de noche!

Debemos cuidar de estar en acuerdo con gente que está en acuerdo con Dios, con su Palabra y con gente que dé buenos consejos.

El Poder del Acuerdo de Dos

Capítulo 5

El dos (2) es un número importante en Dios, cuando dos personas que tienen la cultura del Reino se ponen de acuerdo, salimos de la idea de ser una suma porque la suma no es lo mismo que el poder de la multiplicación.

Mateo 18:18-20 (LBA) En verdad os digo: todo lo que atéis en la tierra, será atado en el cielo; y todo lo que desatéis en la tierra, será desatado en el cielo. Además os digo, que si dos de vosotros se ponen de acuerdo sobre cualquier cosa que pidan aquí en la tierra, les será hecho por mi Padre que está en los cielos. Porque donde están dos o tres reunidos en mi nombre, allí estoy yo en medio de ellos.

Pero Dos En Acuerdo:

La multiplicación te da victoria potencializada en el factor de 10; uno vence a mil y dos vence a 10,000.

La suma te da victoria añadida. 1+1 = dos. Uno vence a 1,000 y otro vence a otro 1,000 total 2,000 enemigos solamente.

1 Samuel 18:7 (LBA) Las mujeres cantaban mientras tocaban, y decían: Saúl ha matado a sus miles, y David a sus diez miles.

Deuteronomio 32:30-31 (LBA) ¿Cómo pudiera uno perseguir a mil, y dos hacer huir a diez mil, si su Roca no los hubiera vendido, y el SEÑOR no los hubiera entregado? En verdad, su roca no es como nuestra Roca; aun nuestros mismos enemigos así lo juzgan.

- La mente natural piensa en términos de suma, no valora el poder del acuerdo.
- Pero Dios piensa en términos de multiplicación.
- El que se conecta con la persona escogida por Dios, uno vence a 1,000 y dos vencen a 10,000.
- Este es el potencial de la multiplicación que se da en el acuerdo.
- El poder de la potencia multiplicadora está en la promesa de Dios.

Pero Dos En Acuerdo:

El factor de la multiplicación es de 10.

1) El poder de 1 vence a mil (1000).
2) El poder de 2 vencen a diez mil (10,000).
3) El poder de 3 vencen a cien mil (100,000).

4) El poder de 4 vencen a un millón. (1,000,000,000).
5) El poder de 5 vencen a diez millones. (10,000,000.00).
6) El poder de 6 vencen a cien millones. (100,000,000.00).
7) El poder de 7 vencen a un billón. (1,000,000,000.00).

Podemos notar cuántos males podríamos derrotar con el poder del acuerdo, porque este es el potencial que el enemigo intenta que no alcancemos; manteniendo al pueblo de Dios en la ignorancia de "La cultura del acuerdo".

Pruebas Bíblicas de la Pérdida del Poder

El cambiarnos el acuerdo es plan satánico desde el principio; porque cambió el acuerdo de Dios y su creación y les quitó el poder.

Génesis 3:1-5 (LBA) Y la serpiente era más astuta que cualquiera de los animales del campo que el SEÑOR Dios había hecho. Y dijo a la mujer: ¿Conque Dios os ha dicho: "No comeréis de ningún árbol del huerto"? Y la mujer respondió a la serpiente: Del fruto de los árboles del huerto podemos comer; pero del fruto del árbol que está en medio del huerto, ha dicho Dios: "No comeréis de él, ni lo tocaréis, para que no muráis." Y la serpiente dijo a la mujer: Ciertamente no moriréis. Pues Dios sabe que el día que de él comáis, serán abiertos vuestros ojos y seréis como Dios, conociendo el bien y el mal.

El problema es que cuando se rompe el acuerdo se da lugar al espíritu de la queja.

Génesis 3:12-13 (LBA) ...el hombre respondió: La mujer que tú me diste por compañera me dio del árbol, y yo comí. Entonces el SEÑOR Dios dijo a la mujer: ¿Qué es esto que has hecho? Y la mujer respondió: La serpiente me engañó, y yo comí.

Si deseas recuperar el poder para solucionar los problemas de tu casa y vencer todas las cosas negativas, ponte de acuerdo en lo bueno con los tuyos, tu esposa, tu familia, etc., porque ponerse de acuerdo significa que alguien tiene que hablar la visión de la casa y otros tienen que repetirla y seguirla.

La Discordia y El Desacuerdo

Detienen el momento de tu victoria, aunque el término apropiado seria: La discordia y el desacuerdo detienen el *momentum*. En física significa: Detiene tu unidad, detiene el producto multiplicado y la velocidad.

Ir en Contra del Concepto del Acuerdo

Un ejemplo de cómo se detiene la victoria de una casa, vida, etc., lo podemos ver en los primeros 10 capítulos del libro de Números, encontramos un patrón que se rompe por el desacuerdo y detiene el campamento. Por eso alguien tiene que recibir la visión, mantener la visión, hablar la visión y los demás entrar en el acuerdo.

Números 1:1 (LBA) El SEÑOR habló a Moisés en el desierto de Sinaí,...

Números 2:1 (LBA) Y habló el SEÑOR a Moisés y a Aarón, diciendo:

Números 3:1 (LBA) Y éstos son los registros de los descendientes de Aarón y Moisés, el día en que el SEÑOR habló con Moisés en el monte Sinaí.

Números 4:1 (LBA) Entonces el SEÑOR habló a Moisés y a Aarón, diciendo:

Números 5:1 (LBA Y habló el SEÑOR a Moisés, diciendo:

Números 6:1 (LBA) Y el SEÑOR habló a Moisés, diciendo:

Números 7:4 (LBA) Entonces habló el SEÑOR a Moisés, diciendo:

Números 8:1 (LBA) Entonces el SEÑOR habló a Moisés, diciendo:

Números 9:1 (LBA) El SEÑOR habló a Moisés en el desierto del Sinaí...

Números 10:1 (LBA) Y siguió el SEÑOR hablando a Moisés, diciendo:

En el siguiente capítulo sucede algo diferente, se alteró la visión, la gente entró en desacuerdo y en discordia.

Números 11:1 (LBA) Y el pueblo comenzó a quejarse en la adversidad a oídos del SEÑOR; y cuando el SEÑOR lo oyó, se encendió su ira, y el fuego del SEÑOR ardió entre ellos y consumió un extremo del campamento.

Repito: El desacuerdo atrae la queja. La queja abrió una atmosfera para que la gente hablara en contra o en desacuerdo.

Números 12:1 (LBA) Entonces Miriam y Aarón hablaron contra Moisés por causa de la mujer cusita con quien se había casado (pues se había casado con una mujer cusita)...

Cuando el pueblo se quejo, y comenzó el desacuerdo, el campamento se detuvo.

Números 12:15 (LBA) Miriam fue confinada fuera del campamento por siete días y el pueblo no se puso en marcha hasta que Miriam volvió.

- Nadie avanza en desacuerdo, se detiene el progreso sano, divino, etc.
- El desacuerdo detiene el progreso de una casa, familia.
- Cuando la gente practica el desacuerdo en vez del acuerdo; se estanca en su vida, su ministerio, etc.

Satanás sabía que ellos iban rumbo a poseer la tierra prometida, las promesas, y la única forma de detener el avance en su camino era haciéndolos caer en desacuerdo.

La única forma de reanudar el avance es recuperando la cultura del acuerdo.

Números 13:1 (LBA) Y el SEÑOR habló a Moisés, diciendo:

El capítulo 13, es el retorno al patrón que Dios mantuvo en los primeros 10 capítulos. Insisto en darme a entender en lo siguiente: el concepto del acuerdo no significa hacerle fácil la vida al ministro o al líder de una casa; sino el entender que al romperse el acuerdo se destruye el poder y la capacidad para avanzar y vencer con potencial las cosas que se oponen a nuestro avance.

Mateo 18:18-20 (LBA) En verdad os digo: todo lo que atéis en la tierra, será atado en el cielo; y todo lo que desatéis en la tierra, será desatado en el cielo. Además os digo, que si dos de vosotros se ponen de acuerdo sobre cualquier cosa que pidan aquí en la tierra, les será hecho por mi Padre que está en los cielos. Porque donde están dos o tres reunidos en mi nombre, allí estoy yo en medio de ellos.

Cuando alguien tiene una "Cultura de desacuerdo", he aprendido a no preocuparme por él, sino por las demás personas que entran en acuerdo con él o ella; porque en cualquier momento también estará en desacuerdo con ellos.

El Acuerdo Vertical con Dios

Hablando de la cultura del acuerdo y de la importancia que tiene que la practiquemos entre nosotros, debemos comprender que es base en la declaración que hizo nuestro Señor Jesús, diciendo que si dos se ponen de acuerdo aquí en la tierra, desde los cielos habrá respuesta de parte de Dios.

Ese acuerdo, es en el plano terrenal entre hombres; pero para que esté completa la cultura del acuerdo debemos establecerla también con Dios, por eso llamaré a este título "El acuerdo vertical con Dios", ya vimos el acuerdo horizontal, ahora entenderemos el vertical.

Una de las cosas que debemos entender es cómo una acción natural produce un resultado espiritual.

El Acuerdo Vertical Para Entrar al Poder

Entrar en acuerdo con Dios es crucial para tener el poder de cambiar cualquier clima espiritual que prevalezca y que está afectando nuestro avance. La Biblia es muy clara al decirnos que nuestra lucha no es contra carne ni sangre solamente, sino contra principados y poderes de los aires.

Efesios 6:12 (LBA) Porque nuestra lucha no es contra sangre y carne, sino contra principados, contra potestades, contra los poderes de este mundo de tinieblas, contra las huestes espirituales de maldad en las regiones celestes.

Eso significa: que esa clase de enemigos no pueden ser vencidos con armas o recursos físicos, porque estamos comprometidos en una guerra espiritual de vida o muerte.

2 Corintios 10:4 (LBA) …porque las armas de nuestra contienda no son carnales, sino poderosas en Dios para la destrucción de fortalezas…

Debido a eso debemos recordar, que todas las batallas, ya sea que se ganen o se pierdan, siempre comienzan en lo espiritual antes de llegar a lo terrenal, y por esa razón es que cada uno de nosotros debemos entrar en acuerdo con Dios, no importa cuál es el problema, nosotros ganamos o perdemos nuestras batallas en nuestra mente mucho antes de que se materialicen; muéstrame una persona que tiene una actitud derrotada y yo te mostraré a alguien que va a perder, sin importar si el problema es grande o pequeño.

Por otro lado muéstrame una persona que tiene una actitud victoriosa y yo te mostraré una persona que va a ganar sin importar las desigualdades o los obstáculos, de manera que debemos tener una mente espiritual para comprender estas verdades. La Biblia nos habla de manera espiritual y nos anima a crear cambios que denoten que estamos de acuerdo con Dios y Su Palabra, por ejemplo:

Isaías 61:3 (LBA) …para conceder que a los que lloran en Sion se les dé diadema en vez de ceniza, aceite de alegría en vez de luto, manto de alabanza en vez de espíritu abatido; para que sean llamados robles de justicia, plantío del SEÑOR, para que Él sea glorificado.

Salmos 45:7 (LBA) Has amado la justicia y aborrecido la iniquidad; por tanto Dios, tu Dios, te ha ungido con óleo de alegría más que a tus compañeros.

La Batalla Es Primeramente Del Señor

En el Antiguo Testamento hay grandes ejemplos de cómo se ganan las batallas en el espíritu tan pronto la gente de Dios se pone de acuerdo con Él. Cuando un enorme ejército de moabitas y amonitas vino contra Josafat rey de Judá, él se volvió al Señor, clamó y entró en acuerdo con Dios.

2 Crónicas 20:10-12 (LBA) Y ahora, he aquí, los hijos de Amón y de Moab y del monte Seir, a quienes no permitiste que Israel invadiera cuando salió de la tierra de Egipto (por lo cual se apartaron de ellos y no los destruyeron), mira cómo nos pagan, viniendo a echarnos de tu posesión, la que nos diste en heredad. Oh Dios nuestro, ¿no los juzgarás? Porque no tenemos fuerza alguna delante de esta gran multitud que viene contra nosotros, y no sabemos qué hacer; pero nuestros ojos están vueltos hacia ti.

El rey Josafat reconoció que estaba en desigualdad con el enemigo y puso su vida en las manos de Dios porque solo Él podía auxiliarlos, por eso se rindió ante Dios y no ante sus enemigos y entonces entró en acuerdo con Dios y dijo: nuestros ojos están vueltos a ti...

2 Crónicas 20:14-17 (LBA) Entonces el Espíritu del SEÑOR vino en medio de la asamblea sobre Jahaziel, hijo de Zacarías, hijo de Benaía, hijo de Jeiel, hijo de Matanías, levita de los hijos de Asaf, y dijo: Prestad atención, todo Judá, habitantes de Jerusalén y tú, rey Josafat: así os dice el SEÑOR: "No temáis, ni os acobardéis delante de esta gran multitud, porque la batalla no es vuestra, sino de Dios. "Descended mañana contra ellos. He aquí ellos subirán por la cuesta de Sis, y los hallaréis en el extremo del valle, frente al desierto de Jeruel. "No necesitáis pelear en esta batalla; apostaos y estad quietos, y ved la salvación del SEÑOR con vosotros, oh Judá y Jerusalén." No temáis ni os acobardéis; salid mañana al encuentro de ellos porque el SEÑOR está con vosotros.

Cuando nosotros entramos en acuerdo con Dios, la batalla ya no es nuestra, sino de Dios. Cuando estamos en acuerdo con Dios, estamos confiados en Dios y la estrategia cambia, porque mientras Dios pelea por nosotros, Su pueblo debe marchar alabando a Dios.

2 Crónicas 20:20-24 (LBA) Se levantaron muy de mañana y salieron al desierto de Tecoa; y cuando salían, Josafat se puso en pie y dijo: Oídme, Judá y habitantes de Jerusalén, confiad en el SEÑOR vuestro Dios, y estaréis seguros. Confiad en sus profetas y triunfaréis. Y habiendo consultado con el pueblo, designó a algunos que cantaran al SEÑOR y a algunos que le alabaran en vestiduras santas, conforme salían delante del ejército y que dijeran: Dad gracias al SEÑOR, porque para siempre es su misericordia. Y cuando comenzaron a entonar cánticos y alabanzas, el SEÑOR puso emboscadas contra los hijos de Amón, de Moab y del monte Seir, que habían venido contra Judá, y fueron derrotados. Porque los hijos de Amón y de Moab se levantaron contra los habitantes del monte Seir destruyéndolos completamente, y cuando habían acabado con los habitantes de Seir, cada uno ayudó a destruir a su compañero. Cuando Judá llegó a la atalaya del desierto, miraron hacia la multitud, y he aquí, sólo había cadáveres tendidos por tierra, ninguno había escapado.

Tan pronto el rey comenzó a cantar y a alabar a Dios, los habitantes del Monte Seir se volvieron unos contra otros destruyéndose entre sí y la batalla fue ganada primero en el Espíritu cuando Josafat y su gente vinieron a un acuerdo con Dios.

Otros Ejemplos:

La espada de Jehová y la espada de Gedeón: Nadie que entre en acuerdo con Dios será destruido o será derrotado, porque Dios peleará por él o ellos. Cuando nos alineamos con Dios en acuerdo cambiamos la atmósfera por más negativa que sea. Dios promete estas palabras al que entra en acuerdo con Él:

Isaías 43:1-7 (LBA) Mas ahora, así dice el SEÑOR tu Creador, oh Jacob, y el que te formó, oh Israel: No temas, porque yo te he redimido, te he llamado por tu nombre; mío eres tú. Cuando pases por las aguas, yo estaré contigo, y si por los ríos, no te anegarán; cuando pases por el fuego, no te quemarás, ni la llama te abrasará. Porque yo soy el SEÑOR tu Dios, el Santo de Israel, tu Salvador; he dado a Egipto por tu rescate, a Cus y a Seba en lugar tuyo. Ya que eres precioso a mis ojos, digno de honra, y yo te amo, daré a otros hombres en lugar tuyo, y a otros pueblos por tu vida. No temas, porque yo estoy contigo; del oriente traeré tu descendencia, y del occidente te reuniré. Diré al norte: "Entrégalos;" y al sur: "No los retengas." Trae a mis hijos desde lejos, y a mis hijas desde los confines de la tierra, a todo el que es llamado por mi nombre y a quien he creado para mi gloria, a quien he formado y a quien he hecho.

Estar en acuerdo entre nosotros es el acuerdo horizontal; estar en acuerdo con Dios es el acuerdo vertical, ese es el poder del sacrificio de Cristo.

La Alineación Del Poder Sinérgico

Por misericordia de Dios, Él me ha estado revelando Su Palabra y hemos podido avanzar en todo lo que hasta este punto hemos logrado desarrollar de una forma muy profunda, al grado que entre otros capítulos de este mismo libro veremos "El Misterio del Gemido", una forma de comunicación con Dios que es indecible al lenguaje humano, y aunque alguien tenga un coeficiente intelectual exageradamente alto, no lo puede comprender porque no es con la mente humana sino por la conexión que debe existir entre nuestro espíritu y el Espíritu Santo; con cual podemos ver que en al fuerza de parejas, encontramos potencializar nuestra comunicación con Dios; por eso es necesario que aborde el siguiente título: La Alineación del Poder Sinérgico, de manera que hoy explicare cómo es que Dios manifiesta su poder en la tierra.

El pasaje que leeré me llamó la atención porque contiene la idea que deseo trasladarte: "Los cielos sobre la tierra" a lo cual le he llamado: La Alineación del Poder Sinérgico.

Deuteronomio 11:21 (LBA) …para que tus días y los días de tus hijos sean multiplicados en la tierra que el SEÑOR juró dar a tus padres, por todo el tiempo que los cielos permanezcan sobre la tierra.

Mientras el cielo permanezca en la tierra, se estará en el orden de Dios y ahí habrá mucha bendición, porque hay un propósito que Dios tiene en mente y es que las cosas poderosas y gloriosas de los cielos están alineadas con la tierra por causa de Sus hijos y Su iglesia; eso significa, Su poder, Su autoridad, Su dominio, Su bendición, etc., desde los cielos hacia la tierra.

La tierra seria perfecta, si mantuviera su alineación con el cielo, porque Dios creó la tierra para que estuviera alineada con el cielo. Vemos el jardín del Edén estaba alineado con el paraíso. De manera que en términos celestiales no existe distancia entre la tierra y el cielo cuando se está alineado verdaderamente. Entonces uno de los pasajes que veremos con relación a esto de alinear el poder sinérgico es el siguiente:

Mateo 18:18 (LBA) En verdad os digo: todo lo que atéis en la tierra, será atado en el cielo; y todo lo que desatéis en la tierra, será desatado en el cielo.

Una fotografía bíblica que podemos utilizar para hablar de la intención original de Dios se encuentra en Génesis 1:

- Dios crea la tierra para que estuviera alineada con el cielo.
- El jardín del Edén era la alineación del paraíso.

La Creación Alineada

Génesis 1:14-18 (LBA) Entonces dijo Dios: Haya lumbreras en la expansión de los cielos para separar el día de la noche, y sean para señales y para estaciones y para días y para años; y sean por luminarias en la expansión de los cielos para alumbrar sobre la tierra. Y fue así. E hizo Dios las dos grandes lumbreras, la lumbrera mayor para dominio del día y la lumbrera menor para dominio de la noche; hizo también las estrellas. Y Dios las puso en la expansión de los cielos para alumbrar sobre la tierra, y para dominar en el día y en la noche, y para separar la luz de las tinieblas. Y vio Dios que era bueno.

1. El sol tiene luz propia, es energía, es fuego, es poder.
2. La luna no tiene luz propia para alumbrar en la noche, no tiene energía, necesita del sol, no tiene fuego, es solo una roca por eso debe estar alineada con el sol.

De manera que esa maravillosa iluminación que tenemos en la noche por medio de la luna viene del sol, solo puede proyectar esa luz manteniéndose alineada con el sol, por sí misma no puede. El principio es el siguiente: aunque no vea el sol durante los periodos de la noche, al ver la luz de la luna sé que el sol está brillando o iluminando en cualquier lugar, porque la luz de la luna no es luz propia. Aquí no está sólo la idea de alumbrar, notemos es que además dice que es para dominar y separar la luz de las tinieblas, de manera que lleva implícito la palabra dominar.

Dominar es: /*mashal*/ #4910 que significa **autoridad para gobernar desde arriba**.

Esta es la primera mención de la palabra autoridad para gobernar desde arriba, de allí en Génesis 1:26-27 le dio dominio al hombre, es decir, gobierno, pero allí usa la palabra /*radah*/ #7287 que significa **autoridad para gobernar en la tierra**; eso significa que para que Adán ejerciera su poder en la tierra tenia que estar alineado con el poder de arriba; porque el poder de arriba es mayor que el poder de abajo, el principio es que el poder de arriba respalda el poder de abajo y obviamente para que el poder de abajo tenga dominio, debe de existir el poder de arriba y ambos deben estar alineados. Este era el principio de Adán, tenía que estar alineado con Dios, pero cuando Adán perdió la alineación sinérgica con Dios, perdió su poder y nunca más la creación se sometió a Él.

La Principio De La Autoridad De Gobierno

Alineación de su poder.

Una de las formas que Dios utiliza para mantener alineado su poder, es a través del principio y la doctrina de la autoridad; hablemos un poco más de la autoridad: no hay otra carta más clara que hable acerca de la autoridad como la epístola a los Romanos; el concepto que el Apóstol Pablo usa para explicar la autoridad es Génesis 1, por eso vemos que la autoridad de Romanos 13, tiene la ley de la primera mención en Génesis, por eso es que al repasar esta doctrina nos ayudará a mantener el celo de Dios en estas cosas.

Romanos 13:1 (LBA) Sométase toda persona a las autoridades que gobiernan; porque no hay autoridad sino de Dios, y las que existen, por Dios son constituidas.

En el capítulo 13, cuando el Apóstol Pablo escribe a la iglesia que estaba en Roma, era para que ellos aprendieran a reconocer y a definir el significado de la autoridad, y les dice: cuando hay una autoridad de Dios, es porque existe en el cielo y para ello ha sido autorizado por Él; es decir, que cuando Dios no autoriza esa autoridad, no existe en el cielo. Cuando hay una autorización verdadera en la tierra, sencillamente es el reflejo de la autoridad en el cielo.

Autoridad: Viene de la Palabra Orden

- El que sigue una orden... (No seguir la orden implica no tener la autoridad legalmente).

- Es autorizado para que con autoridad cumpla la orden.

Autoridad es entonces uno que cumple las reglas de acuerdo al diseño original.

Autoridad: La palabra griega es **Exousia** #1849, esta palabra es diferente a la palabra poder #1411 **dunamis**.

Eso significa, primeramente que antes del poder **dunamis**, el autorizado tiene que estar alineado con el Creador y su orden; esto se llama en términos de poder: la alineación del poder sinérgico, o sea la unión de fuerzas, participación activa y concertada. El autorizado es un concepto profundo; la autoridad es para que el cielo permanezca en la tierra por medio del autorizado, por eso es que la palabra **Exousia** implica una estructura de poder.

El principio para que alguien ejerza el poder legítimo es que debe de ser autorizado, porque la autoridad funciona como el sol con la luna, eso significa que la luna ejerce un poder durante la noche que es del sol. ¿De dónde viene tu poder?

Por eso, cuando alguien intenta ejercer una función de poder hay que preguntarle ¿de dónde viene tu autorización?, ¿quién te autorizó para hacer lo que haces?, porque mucha gente no es celosa con eso y permite que cualquier persona intervenga en sus problemas emocionales, enfermedades, etc., pero realmente todos debemos cuidar quién va a ejercer poderes, y para eso hay que ver con qué está alineado, es decir, de donde viene su autorización; esta es precisamente la doctrina que el Apóstol Pablo dejó para la iglesia.

La Autorización De Los Dones Espirituales

Los dones son regalos de Dios, los cuales vienen de Dios pero los aprueba un autorizado por Dios. En la iglesia primitiva eran autorizados por los apóstoles, el que ejercía más autoridad o era de más alto rango.

1 Timoteo 4:14-16 (LBA) No descuides el don espiritual que está en ti, que te fue conferido por medio de la profecía con la imposición de manos del presbiterio. Reflexiona sobre estas cosas; dedícate a ellas, para que tu aprovechamiento sea evidente a todos. Ten cuidado de ti mismo y de la enseñanza; persevera en estas cosas, porque haciéndolo asegurarás la salvación tanto para ti mismo como para los que te escuchan.

¿De cuál enseñanza debes cuidarte? Una de ellas es la de la imposición de manos.

Hebreos 6:2 (LBA) …de la enseñanza sobre lavamientos, de la imposición de manos, de la resurrección de los muertos y del juicio eterno.

La enseñanza de la imposición de manos, deja ver la transferencia de espíritus, porque siempre que hay imposición de manos hay transferencia de espíritus.

1 Timoteo 5:21-22 (LBA) Te encargo solemnemente en la presencia de Dios y de Cristo Jesús y de sus ángeles escogidos, que conserves estos principios sin prejuicios, no haciendo nada con espíritu de parcialidad. No impongas las manos sobre nadie con ligereza, compartiendo así la responsabilidad por los pecados de otros; guárdate libre de pecado.

El principio del cuidado de la imposición de manos, es por causa de lo que se transmite. Mucha gente después de que otro (sin autorización) ha impuesto manos sobre él o ella, se queda con grandes batallas; es posible que se solucione una cosa pero se queda batallando con otras, porque no había autorización para esa imposición de manos.

Hechos 8:18-19 (LBA) Cuando Simón vio que el Espíritu se daba por la imposición de las manos de los apóstoles, les ofreció dinero, diciendo: Dadme también a mí esta autoridad, de manera que todo aquel sobre quien ponga mis manos reciba el Espíritu Santo.

¿Era bueno o malo que la gente por la cual orara Simón el mago recibiera el Espíritu Santo?, era bueno, pero él no estaba alineado, no estaba autorizado; otro ejemplo:

Hechos 16:16-17 (LBA) Y sucedió que mientras íbamos al lugar de oración, nos salió al encuentro una muchacha esclava que tenía espíritu de adivinación, la cual daba grandes ganancias a sus amos, adivinando. Ésta, siguiendo a Pablo y a nosotros, gritaba, diciendo: Estos hombres son siervos del Dios Altísimo, quienes os proclaman el camino de salvación.

Notemos que los seguía, pero no estaba alineada con ellos, ¿eran o no siervos del Dios Altísimo?, sí pero ella no estaba autorizada para identificar el espíritu del Apóstol Pablo, porque era adivinación y el Apóstol Pablo la reprendió.

Hechos 16:18 (LBA) Y esto lo hacía por muchos días; mas desagradando esto a Pablo, se volvió y dijo al espíritu: ¡Te ordeno, en el nombre de Jesucristo, que salgas de ella! Y salió en aquel mismo momento.

La autorización te alinea y te libra de operar con un don trastocado, porque la autorización te consagra y permite para que seas usado legítimamente; por eso no se trata que si alguien oró por ti, te sanes; o si alguien te declaró algo que es verdad, se cumpla, sino que se trata que esté autorizado o alineado con una orden de Dios.

La iglesia moderna pretende ser diferente a estos principios, es ahí donde le damos cabida a la iglesia emergente con todos sus engaños a consecuencia de estar siendo dirigida bajo intereses propiamente humanistas; sin embargo, los hombres de Dios como el caso del Apóstol Pablo, Timoteo, Pedro, Moisés, los discípulos de Cristo y otros; se movían en el principio de la autorización de Dios; por eso tú y yo debemos cuidarnos en no romper la alineación del poder sinérgico, de la autoridad que Dios nos delegue.

Los Espíritus De Batalla En Los Altares

Altares de piedras, altares con cuernos, altares de madera con bronce y de madera con oro.

Apocalipsis 6:9 (LBA) Cuando el Cordero abrió el quinto sello, vi debajo del altar las almas de los que habían sido muertos a causa de la palabra de Dios y del testimonio que habían mantenido;

Apocalipsis 8:3 (LBA) Otro ángel vino y se paró ante el altar con un incensario de oro, y se le dio mucho incienso para que lo añadiera a las oraciones de todos los santos sobre el altar de oro que estaba delante del trono.

Apocalipsis 8:5 (LBA) Y el ángel tomó el incensario, lo llenó con el fuego del altar y lo arrojó a la tierra, y hubo truenos, ruidos, relámpagos y un terremoto.

Apocalipsis 9:13 (LBA) El sexto ángel tocó la trompeta, y oí una voz que salía de los cuatro cuernos del altar de oro que está delante de Dios,

Apocalipsis 11:1 (LBA) Me fue dada una caña de medir semejante a una vara, y alguien dijo: Levántate y mide el templo de Dios y el altar, y a los que en él adoran.

Apocalipsis 14:18 (LBA) Y otro ángel, el que tiene poder sobre el fuego, salió del altar; y llamó a gran voz al que tenía la hoz afilada, diciéndole: Mete tu hoz afilada y vendimia los racimos de la vid de la tierra, porque sus uvas están maduras.

Apocalipsis 16:7 (LBA) Y oí al altar, que decía: Sí, oh Señor Dios Todopoderoso, verdaderos y justos son tus juicios.

Veo en la Biblia que los altares jugaran un papel muy profético, de manera que siento la necesidad de que aprendamos al respecto, y entender el espíritu que se manifiesta allí. Con esto no quiero decir que tú levantes un altar, sino entender el significado espiritual.

Vemos cómo en la Biblia se narra el uso de altares desde Génesis hasta Apocalipsis para revelar lo que se mueve alrededor de ello, por lo tanto en esta enseñanza veremos dos clases de espíritus que representan dos reinos: el Reino de Dios y el reino de las tinieblas.

Desde los tiempos antiguos, los altares fueron los primeros lugares donde Dios se reunía con Su pueblo, y era el primer lugar donde se realizaban batallas espirituales según Antiguo Testamento

Los Altares

En todos los altares se realizan batallas, estas batallas las experimenta todo creyente que se aproxima al Señor Jesucristo. En la Biblia aparecen varias clases de altares y cada clase tiene un significado, por ejemplo:

- Había altares de tierra, y/o de piedras.
- Altares de madera con bronce y de madera con oro.

De manera que el tema de los altares siempre me ha llamado la atención y es por eso que quiero hablar del espíritu de batalla que se revela en cada altar.

Significado

En hebreo la palabra altar se escribe: /*mizbeack*/ #4196. Viene de: /*zabakj*/ #2076 que significa matar un animal.

- La palabra Altar aparece 378 veces según la Biblia Versión *King James*
- La palabra Altares aparece 55 veces según Biblia Versión *King James*

La Biblia nos permite ver su importancia en las siguientes citas:

1. **Génesis 8:20**, Noé, después del diluvio levanta un altar.
2. **Génesis. 12:7**, Abraham levantó un altar en Betel.
3. **Génesis 22:9,14**, Abraham en el monte Moriah llamo al altar Jehová Yireh. (Voy a explicar más adelante lo que dice la tradición judía.)
4. **Génesis 26:25**, Isaac levanta un altar en Beerseba
5. **Génesis 33:20**, Jacob levanta un altar y lo llama "El-Elohe-Israel".

6. **Éxodo 17:15**, Moisés levanta un altar y lo llama Jehová Nissi.
7. **Josué 8:30**, Josué levanta un altar en el monte Ebal.
8. **Jueces 6:24**, Gedeón levanto un altar y lo llamo Jehová Shalom.
9. **Jueces 13:20**, Manoa levanta un altar por donde sube un ángel.
10. **1 Samuel 14:35**, Saúl edifico un altar.
11. **2 Samuel 24:25**, David levanta un altar para parar la plaga del pueblo. En Moriah en la era de Arauna donde vino después a levantarse el templo.

Los Únicos Altares Con Tres Nombres

Hubo solamente tres lugares donde se edificaron altares de piedra que les llamaron con uno de los 16 nombres compuestos de Jehová.

1) Jehová Yireh, (**Génesis 22**) Este habla de la provisión. Abraham.
2) Jehová Nissi, (**Éxodo 17:15**) Este habla de la protección. Moisés.
3) Jehová Shalom, (**Jueces 6:24**) Este habla de la paz. Gedeón.

Esto significa tres cosas que todo creyente busca y anhela siempre, y que solo se encuentran en ese altar, para llegar allí o para levantar ese altar es espiritualmente; el enemigo va a realizar una oposición para que no se consiga; eso significa, que habrá batallas por la provisión, batallas por la protección y batallas por la paz. Levantar esos altares significa obtener los beneficios de esos tres nombres compuestos de Jehová; pero también significa batalla en los altares contra los enemigos de esas tres cosas.

La Llave del Altar

La llave de todo altar consistía en saber para qué es un altar y qué era lo que todo altar necesita llevar.

También era necesario entender el propósito del altar:
    a. Para marcar un lugar donde Dios visitaba
    b. Para presentar sacrificios

La Llave de un Altar Son los Sacrificios

La palabra sacrificio en hebreo es /corban/: No implica solamente traer un animal, sino que tiene que ver con hacer algo que va más allá de un simple traer.

1) La interpretación correcta de /corban/ es: acercarse a, venir cerca de...
2) Significa hacer algo para acercarse lo más próximo posible a...

El Altar de Piedra

Otro dato interesante para comprender es la efectividad en los altares de piedra; es por el espíritu de batalla que se revela allí, por eso no debía de ser forjado con instrumentos de hierro.

Éxodo 20:25 (LBA) "Y si me haces un altar de piedra, no lo construirás de piedras labradas; porque si alzas tu cincel sobre él, lo profanarás.

Veamos la razón por la cual no se debía usar hierro para levantar ese altar:

1. El hierro era usado para fabricar armas de guerra como espadas, lanzas, hachas y puntas de flechas.
2. El hierro representa a la humanidad violenta y destructora que no sabe el valor de la provisión sobreabundante, de la protección divina y de la paz que sobrepasa todo entendimiento.

Cristo uso este principio, el principio de "no hierro" en el altar.

Mateo 5:23-26 (LBA) Por tanto, si estás presentando tu ofrenda en el altar, y allí te acuerdas que tu hermano tiene algo contra ti, deja tu ofrenda allí delante del altar, y ve, reconcíliate primero con tu hermano, y entonces ven y presenta tu ofrenda. Reconcíliate pronto con tu adversario mientras vas con él por el camino, no sea que tu adversario te entregue al juez, y el juez al alguacil, y seas echado en la cárcel. En verdad te digo que no saldrás de allí hasta que hayas pagado el último centavo.

Altar De Piedra Y Los Sacrificios Personales

Este altar va muy asociado con presentar sacrificios personales, aquí en este altar es donde aprendes a tomar la voluntad de Dios o reconectarte con ella.

1. Aquí se batalla con algo de tu vida personal (**Romanos 12**).
2. Aquí batallas con algo relacionado a tu familia (**Génesis 24**).
3. Aquí batallas con algo que se relaciona con tu destino (**Génesis 17**).

Los altares de piedra son de carácter personal, tiene que ver directamente con tu vida, con tu familia y con tu destino. Tengo bases para decir esto y los ejemplos que veremos en un momento nos ayudaran a entender el significado de las batallas que el creyente experimenta, porque la batalla principal es levantar el altar para tener ese acercamiento a Dios y recibir revelación de tres cosas.

La Fotografía General en Todos los Altares

Lo que estoy a punto de decir en relación con la batalla en los altares es muy importante y puede parecer ilógico; porque hay ataques satánicos en los altares. La situación es que en todo altar, el enemigo pelea una batalla para impedir que se reciba una respuesta en medio de nuestra oración, por eso es que en todos los altares hay manifestación de dos reinos.

1. Si el altar es para Dios, el enemigo envía emisarios para tratar de afectar la respuesta de nuestra oración.
2. Si el altar, la gente lo levanta al enemigo o a un ídolo, Dios envía una entidad de su Reino para que sea testigo de la mentira y así tener en un futuro pruebas de derechos de interventores.

Zacarías 3:1 (LBA) Entonces me mostró al sumo sacerdote Josué, que estaba delante del ángel del SEÑOR; y Satanás estaba a su derecha para acusarlo.

Satanás usará tres cosas que juegan un papel importante para la respuesta que buscamos:

1. Llevarte a desobedecer a Dios (Abraham en Génesis).
2. En los altares, el enemigo tratará de acusarte (El Sacerdote Josué).
3. Poner temor.

Abraham Y El Altar De La Provisión

Aunque aquí aún no se nombra el altar /*Yireh*/, Abraham comienza a entender la provisión a medida que va levantando esta clase de altares; porque Dios iba desatando revelación de ello.

Génesis 12:7-8 (LBA) Y el SEÑOR se apareció a Abram, y le dijo: A tu descendencia daré esta tierra. Entonces él edificó allí un altar al SEÑOR que se le había aparecido. De allí se trasladó hacia el monte al oriente de Betel, y plantó su tienda, teniendo a Betel al occidente y Hai al oriente; y edificó allí un altar al SEÑOR, e invocó el nombre del SEÑOR.

Después de haber salido de las costumbres paganas de Ur de los caldeos, después de tomar la decisión de cortar con la línea de contaminación que había en esa región y empezar a caminar por fe a donde Dios quería, entonces él levantó un altar y Dios le prometió bendiciones, eso significa: **Altar de Provisión**; porque Dios te promete si le obedeces, Él te cumplirá lo prometido. Aquí es donde Dios trabaja solo con promesas, y las recuerda hasta que llega el momento de cumplirlas. Esto es muy importante entenderlo porque aunque haya un altar de piedra, Dios te no te dará la respuesta en el altar, pero debes mantener la fe hasta que llegue la respuesta.

Batalla por la Obediencia en el Altar de Piedra Yireh

Aquí es donde ya se le da el nombre al altar, Abraham ya entendía ese momento a través de la revelación desatada en los altares.

Génesis 22:7 (LBA) Y habló Isaac a su padre Abraham, y le dijo: Padre mío. Y él respondió: Heme aquí, hijo mío. Y dijo Isaac: Aquí están el fuego y la leña, pero ¿dónde está el cordero para el holocausto?

Esto significa que nuestra propia familia nos puede estar diciendo: "no hay para la ofrenda", y es en ese momento tú no debes apoyarte en la fe de ellos, sino en la tuya y obedecer a Dios.

Génesis 22:8-14 (LBA) Y Abraham respondió: Dios proveerá para sí el cordero para el holocausto, hijo mío. Y los dos iban juntos. Llegaron al lugar que Dios le había dicho y Abraham edificó allí el altar, arregló la leña, ató a su hijo Isaac y lo puso en el altar sobre la leña. Entonces Abraham extendió su mano y tomó el cuchillo para sacrificar a su hijo. Mas el ángel del SEÑOR lo llamó desde el cielo y dijo: ¡Abraham, Abraham! Y él respondió: Heme aquí. Y el ángel dijo: No extiendas tu mano contra el muchacho, ni le hagas nada; porque ahora sé que temes a Dios, ya que no me has rehusado tu hijo, tu único. Entonces Abraham alzó los ojos y miró, y he aquí, vio un carnero detrás de él trabado por los cuernos en un matorral; y Abraham fue, tomó el carnero y lo ofreció en holocausto en lugar de su hijo. Y llamó Abraham aquel lugar con el nombre de El SEÑOR Proveerá, como se dice hasta hoy: En el monte del SEÑOR se proveerá.

A esta altura las promesas de Dios se están cumpliendo por causa de la obediencia; ahora Dios le da a Abraham lo que necesitaba en ese momento.

Moisés Y El Altar De Protección: Altar Nissi

Como hemos mencionado anteriormente, este altar tiene que ver con algo personal, este verso nos da la figura del cristiano que tiene que levantar un altar para vencer a Amalec, figura de la carne.

Éxodo 17:10-16 (LBA) Y Josué hizo como Moisés le dijo, y peleó contra Amalec; y Moisés, Aarón y Hur subieron a la cumbre del collado. Y sucedió que mientras Moisés tenía en alto su mano, Israel prevalecía; y cuando dejaba caer la mano, prevalecía Amalec. Pero las manos de Moisés se le cansaban. Entonces tomaron una piedra y la pusieron debajo de él, y se sentó en ella; y Aarón y Hur le sostenían las manos, uno de un lado y otro del otro. Así estuvieron sus manos firmes hasta que se puso el sol. Y Josué deshizo a Amalec y a su pueblo a filo de espada. Entonces dijo el SEÑOR a Moisés: Escribe esto en un libro para que sirva de memorial, y haz saber a Josué que yo borraré por completo la memoria de Amalec de debajo del cielo. Y edificó Moisés un altar, y le puso por nombre El SEÑOR es mi Estandarte, y dijo: El SEÑOR lo ha jurado; el

SEÑOR hará guerra contra Amalec de generación en generación.

Todos los justos son atacados en cualquier momento por Amalec, porque es un enemigo que pretende hacerte caer cuando estas avanzando. Su nombre significa: habitante del valle, contrario a las alturas.

Otro que estuvo bajo protección fue Noé; este varón fue uno que también edificó un altar de piedra, fue quien peleó contra la corriente de maldad en sus días.

Génesis 8:20-22 (LBA) Y edificó Noé un altar al SEÑOR, y tomó de todo animal limpio y de toda ave limpia, y ofreció holocaustos en el altar. Y el SEÑOR percibió el aroma agradable, y dijo el SEÑOR para sí: Nunca más volveré a maldecir la tierra por causa del hombre, porque la intención del corazón del hombre es mala desde su juventud; nunca más volveré a destruir todo ser viviente como lo he hecho. Mientras la tierra permanezca, la siembra y la siega, el frío y el calor, el verano y el invierno, el día y la noche, nunca cesarán.

Noé se negó a sí mismo y no se dejó afectar por las opiniones y el estilo de vida de los demás, de manera que Dios no permitió que la destrucción fuera para él, de manera que Dios lo protegió, eso significa: **altar de protección**.

A Noé y su familia Dios le dio la oportunidad de un nuevo mundo, así mismo Dios hará con cada uno de ustedes; es decir, por cuanto se han negado a sí mismos y han confiado en Él, Dios los protegerá. Noé, igual que mucha gente del mundo, bien pudo estar en la corriente del mundo, en placeres, ocupados en otras cosas pensando que nada malo les puede pasar y de pronto todo les cambia y se les acaba el tiempo, sin embargo, así como a Noé, hoy Dios ha tenido misericordia de ti y de mí para que salgamos de la corriente de este mundo y vayamos en pos de nuestra salvación.

Gedeón Y El Altar De Paz: Altar Shalom

Igual que los otros altares, este también se trata de algo personal o familiar:

Jueces 6:22-24 LBLA) Al ver Gedeón que era el ángel del SEÑOR, dijo: ¡Ay de mí, Señor DIOS! Porque ahora he visto al ángel del SEÑOR cara a cara. Y el SEÑOR le dijo: La paz sea contigo, no temas; no morirás. Y Gedeón edificó allí un altar al SEÑOR y lo llamó El SEÑOR es Paz, el cual permanece en Ofra de los abiezeritas hasta hoy.

Gedeón debía destruir los altares idolátricos de su padre. Y luego levantar un verdadero altar.

Jueces 6:25-26 (LBA) Sucedió que aquella misma noche el SEÑOR le dijo: Toma el novillo de tu padre y otro novillo de siete años; derriba el altar de Baal que pertenece a tu padre y corta la Asera que está junto a él; edifica después, en debida forma, un altar al SEÑOR tu Dios sobre la cumbre de este peñasco; toma el segundo novillo y ofrece holocausto con la leña de la Asera que has cortado.

La batalla en el altar de piedra es para quitar la paz, es igual a la acusación, es por eso que allí debe haber Shalom. De la misma manera aunque Zacarías no lo nombra, en ese altar podemos entender que se trata del altar donde Dios nos devuelve la Paz, porque Dios está defendiendo al sumo sacerdote de las acusaciones satánicas.

Zacarías 3:1 (LBA) Entonces me mostró al sumo sacerdote Josué, que estaba delante del ángel del SEÑOR; y Satanás estaba a su derecha para acusarlo.

Un sacerdote es igual a decir un hombre de altar.

Zacarías 3:2 (LBA Y el ángel del SEÑOR dijo a Satanás: El SEÑOR te reprenda, Satanás.

Repréndate el SEÑOR que ha escogido a Jerusalén. ¿No es éste un tizón arrebatado del fuego?

En este diálogo se mencionan algunos de los elementos que hay en un altar, en este caso un carbón.

Zacarías 3:3-7 (LBA) Y Josué estaba vestido de ropas sucias, en pie delante del ángel. Y éste habló, y dijo a los que estaban delante de él: Quitadle las ropas sucias. Y a él le dijo: Mira, he quitado de ti tu iniquidad y te vestiré de ropas de gala. Después dijo: Que le pongan un turbante limpio en la cabeza. Y le pusieron un turbante limpio en la cabeza y le vistieron con ropas de gala; y el ángel del SEÑOR estaba allí. Entonces el ángel del SEÑOR amonestó a Josué, diciendo: Así dice el SEÑOR de los ejércitos: "Si andas en mis caminos, y si guardas mis ordenanzas, también tú gobernarás mi casa; además tendrás a tu cargo mis atrios y te daré libre acceso entre éstos que están aquí.

En este altar se desata un espíritu de revelación para que aprendas a caminar.

Zacarías 3:9 (LBA) "Porque he aquí la piedra que he puesto delante de Josué, sobre esta única piedra hay siete ojos. He aquí, yo grabaré una inscripción en ella" -- declara el SEÑOR de los ejércitos -- "y quitaré la iniquidad de esta tierra en un solo día.

La piedra permite ver la clase de altar que era; y también nos revela a Cristo en ese altar, porque Él es la piedra inconmovible con siete ojos, siete luces de revelación.

Romanos 8:1 (LBA) Por consiguiente, no hay ahora condenación para los que están en Cristo (piedra) Jesús, los que no andan conforme a la carne, sino conforme al Espíritu (aprendiendo a caminar).

Otro que Levantó un Altar de Paz Fue Josué

Este Josué no es el mismo de Zacarías 3; aquel es el Sumo sacerdote, sin embargo, Josué el discípulo de Moisés, antes de ir a la guerra se puso en paz con Dios, al igual que Gedeón en Jueces 6:24; esa paz también implicaba entre ellos mismos como pueblo.

Josué 8:30-32 (LBA) Entonces edificó Josué un altar al SEÑOR, Dios de Israel, en el monte Ebal, tal como Moisés, siervo del SEÑOR, había ordenado a los hijos de Israel, como está escrito en el libro de la ley de Moisés, un altar de piedras sin labrar, sobre las cuales nadie había alzado herramienta de hierro; y sobre él ofrecieron holocaustos al SEÑOR, y sacrificaron ofrendas de paz. Y escribió allí, sobre las piedras, una copia de la ley que Moisés había escrito, en presencia de los hijos de Israel.

Lo peor que nos puede pasar es perder la paz con Dios, de manera que en vez de estar en reposo estemos en guerra entre nosotros mismos, es decir, en guerra entre la misma familia o entre hermanos.

Los sacrificios y ofrendas en estos altares son los siguientes:

1) El altar de **/Yireh/** te pide obedecer para tener provisión.
2) El altar **/Nissi/** te pide destruir la carne para ser protegidos.
3) El altar **/Shalom/** te pide aprender a caminar en el espíritu para tener paz.

Estos son los espíritus proféticos de obediencia y de batalla en los altares.

El Secreto del Clamor

Capítulo 6

A lo largo de este libro, Dios me ha permitido poder compartir mucho del conocimiento que El me ha revelado a la luz de Su palabra escrita en la Biblia, respecto al trabajo que debe hacer un siervo conforme a Su corazón para orar en los diferentes niveles, aunque desde la primera vez que tuve la oportunidad de enseñar a este respecto, han pasado algunos años y ahora Dios me ha permitido mayor entendimiento, es la razón por la que estoy ampliando ese conocimiento con el propósito que, si tienes la vocaciones de un intercesor, puedas estar debidamente equipado y que así tu oración sea mayormente efectiva cuando suba al trono de Dios.

Por supuesto que no estoy agotando el tema de la oración, porque debe haber cada día más, Dios en este final de los tiempos está revelando más y más de Su palabra con el propósito que también seas más efectivo en lo que ya tienes; pero como Satanás está siendo igualmente más sutil con su ataque, también debes estar alertado, equipado y avisado de cómo contrarrestar esos ataques así como encontrar el camino correcto de la oración, clamor, gemido, intercesión y hasta llegar a las apelaciones, tema que desarrollaré en el siguiente capítulo.

Es por eso que debes saber que, si en el pasado y presente quizá, has logrado ser efectivo en la oración en sus diferentes niveles y sin tener los principios, ¿cómo será entonces teniendo la debida preparación o el debido equipamiento? Es por eso que en este capítulo, verás cómo se pueden cambiar los veredictos en aquellas situaciones que no son de la voluntad de Dios, sin embargo Satanás ha tomado ventaja por una u otra razón y eso ha hecho que prematuramente el enemigo ha provocado un evento negativo, situaciones adversas, incluso, muerte prematura.

EL NIVEL DEL GEMIDO

Base Bíblica

Romanos 8:26-27 (Amplificada) Así también el Espíritu [Santo] viene en nuestra ayuda y nos soporta en nuestra debilidad; porque no sabemos qué oración ofrecer ni cómo ofrecerla dignamente como deberíamos, pero el Espíritu mismo se dirige a nuestra súplica y suplica en nuestro nombre con anhelos y **gemidos indescriptibles demasiado profundos para ser pronunciados**. 27 Y el que busca en los corazones de los hombres sabe lo que está en la mente del Espíritu [Santo] [cuál es su intención], porque el Espíritu intercede y suplica [ante Dios] en nombre de los santos de acuerdo con y en armonía con la voluntad de Dios.

Este es un nivel de oración muy especial, no es como normalmente se conoce la oración porque por lo general lo que se hace es verbalizar la oración, declarando palabras con sentido ordenado. El clamor deja de ser eso, así como el gemido, porque de acuerdo a lo que dice la cita anterior, son **gemidos indescriptibles demasiado profundos para ser pronunciados,** tiene que ser un nivel demasiado grande donde no es posible llegar porque es el Espíritu Santo quien lo está llevando delante de Dios Padre.

EL NIVEL DEL CLAMOR

Base Bíblica

Éxodo 2:23-24 Y aconteció que después de muchos días murió el rey de Egipto, y los hijos de Israel gemían a causa de la servidumbre, y **clamaron**; y subió a Dios el **clamor** de ellos con motivo de su servidumbre. ²⁴ Y oyó Dios el gemido de ellos, y se acordó Dios de su pacto con Abraham, Isaac y Jacob.

Lo que hizo que Dios se fijara en ellos fue el clamor, aunque como ya lo expuse, existen diferente niveles de comunicación y también esta cita lo permite ver cuando menciona el clamor y el gemido, de los cuales tuviste la oportunidad de aprenderlo en los capítulos anteriores y notar que no es lo mismo; por eso quiero resaltar que el clamor que está mencionando la cita anterior, dice que subió a Dios e hizo que se acordara de un pacto que había con Abraham, Isaac y Jacob.

Cuando dice que se acordó Dios, no es porque Dios se olvide de las cosas que pacta; sino que son procesos que El permite, con el propósito que pongas en práctica muchas cosas, en este caso, el clamor porque es parte de un proceso judicial, legal y espiritual, pero lo maravilloso es que de esa manera se recibe la respuesta deseada con la efectividad que solamente Dios puede hacer.

Clamor H2199 zaác: Raíz primaria; lanzar alaridos (de angustia o peligro); clamar, clamor, dar voces, gritar, grito, lamentar, llamar, llorar.

Literalmente significa: Lanzar alaridos de angustia o peligro. Este clamor no es un simple llorar, sino que, hay algo que es más intenso que sale desde el centro de las emociones, no es una emoción fanática o sin sentido; es un clamor relacionado con lo espiritual pero no para intimidar a otra persona; sale desde lo más profundo de las emociones.

Aquí usa otra palabra para clamor:

Éxodo 14:10 Y al acercarse Faraón, los hijos de Israel alzaron los ojos, y he aquí los egipcios marchaban tras ellos; entonces los hijos de Israel tuvieron mucho miedo y **clamaron** al SEÑOR.

Clamor H6817 tsaác: Raíz primaria; dar un grito desgarrador; (por impl.) proclamar, una asamblea, (*este no es un clamor individual sino un clamor colectivo, en grupo*): clamar, clamor, convocar, dar voces, gritar, implorar, juntar, levanta.

Imagina a Israel frente al Mar Rojo y Faraón detrás de ellos queriéndolos alcanzar para matarlos; Israel clamó a una sola voz, Dios los escuchó y nadie se imaginó lo que habría de suceder a favor de los israelitas.

El propósito de enseñar el clamor

Es demostrar que cuando clamas a Dios, El escucha atentamente porque discierne la desesperación de tu espíritu lo cual no es miedo, fobia, etc., sino uno sentimiento de saber certeramente quién es el único que puede ayudarte. Dios conoce tu espíritu y sabe cuando tienes angustia o sientes un peligro.

Dios es quien mejor conoce tu ser, conoce tu espíritu porque salió de El y lo puso en ti, me refiero al espíritu humano; nadie puede hacer lo que hace Dios, El hizo todos los espíritus y los hizo buenos, por supuesto que hay espíritus que no evolucionan, no se perfeccionaron y eso hizo que se quedaran como espíritus inmundos, otros son demonios, ángeles caídos, etc., ni Satanás que pretende ser poderoso, tampoco él puede crear espíritus, sino, reengendrarlos para convertirlos en espíritus de su reino.

Pero el punto es que como Dios conoce tu espíritu y de tu genética espiritual, sabe que no es para vivir angustiado, cuando escucha tu clamor (porque fue Dios quien lo estableció); entonces funciona como una alarma que llama la atención de Dios y así escucharte en qué has sido afectado y saber cuál es la razón de tu clamor para que no afecte tu cuerpo la angustia que está produciendo ese clamor; en ese momento Dios decide obrar a favor tuyo.

Por eso dice la Biblia:

Jeremías 33:3 Clama a mí, y yo te responderé y te revelaré cosas grandes e inaccesibles, que tú no conoces.

Jeremías 33:3 (MSG) Clama a mí y te responderé. Te diré cosas maravillosas y portentosas que nunca podrías resolver por tu cuenta.

En la versión de la Biblia MSG puedes ver cómo presenta la idea clara acerca del clamor como algo indispensable ante situaciones totalmente antagónicas, porque no las podrías resolver nunca, recuerda que Dios es especialista en imposibles y nadie es como El.

Clamar en griego es G2896 krázo: Gritar, llamar a gritos, alzar (la voz), clamar.

PERSPECTIVA BÍBLICA

El sistema que estoy utilizando para dar a conocer los principios de **los niveles de la comunicación divina**, es basándome en la perspectiva bíblica, tanto del Antiguo como del Nuevo Testamento.

Hay dos perspectivas de la oración donde se amplía el entendimiento para diferenciar entre cada uno de los niveles de la comunicación divina, me refiero a lo que ya planteé, pero lo dejaré nuevamente para efectos didácticos:

- Oración.

- Clamor.
- Gemido.
- Intercesión.
- Apelación.

PERSPECTIVAS BIBLICAS DE LA ORACIÓN

Hebreo	Griego
• Las palabras hebreas del Antiguo Testamento tienen diferentes matices cuando se interpretan. • Interpretadas por sabios, rabinos y eruditos del hebreo.	• Las palabras en el Nuevo Testamento tienen diferente aplicaciones cuando son interpretadas. • Interpretadas por los estudiosos cristianos, teólogos e historiadores del Nuevo Testamento.

En los ejemplos que describí del Antiguo Testamento, pudiste ver que fueron diferentes términos hebreos pero significan casi lo mismo, aunque cuando lo estudias, por estarse refiriendo a la Biblia, puedes comprender que las palabras se suman no se contradicen, se potencializan en su significado, solamente que, es necesario ser guiados por el Espíritu Santo para saber interpretarlas.

Gracias a Dios que el cumplimiento de la Biblia es infalible porque escrito está que en el final de los tiempos habría un aumento en la ciencia; esto me lleva a pensar entonces que debido a eso, hoy existen programas de la Biblia que facilitan su estudio con diferentes versiones y de igual forma los diccionario para tenerlos en una computadora y al dedicarle tiempo para estudiar la Biblia, logras llegar a conclusiones que obviamente es Dios el que lo está permitiendo para hablarte acerca de lo que El desea que aprendas y así ser equipado adecuadamente sin ser cautivado por culturas de oriente medio, sino que, sea el Espíritu Santo el que te guie en todo momento.

Es importante comprender esto, para no caer en un ritual de la oración, sino que, debe ser práctica, espiritual y efectiva; porque cuando se ora sin conocimiento, se hace porque al final se logró aprender el rezado de una religión; se rezaba al comer o cuando te levantabas por la mañana, así como al acostarte antes de dormir; pero nunca se supo cuál era la profundidad de todo eso, y no fue sino hasta que Jesús te rescató, te limpió, te puso en pie, te cambió la ropa sucia por ropa limpia y ahora estás aquí enamorado del Señor Jesucristo amándolo cada día más y eso te hace buscar Su rostro y aprender cada día más de El.

Por consiguiente puedes saber que si oras con conocimiento, con justificación, con principios bíblicos; Dios te responderá de una forma inexplicable pero traerá un fruto espiritual que repercutirá en toda toda tu vida, porque si es Dios quien establece los niveles de la comunicación divina, por la razón que se perdió la originalidad de esa comunicación en el huerto y entró en acción la oración en la historia humana; entonces empieza a enseñar otras cosas respecto a la comunicación como lo son los principios que dejó Jesús en el ejemplo de oración, la cual es extraordinaria, pero la dejó como un modelo y no para repetirla determinado numero de veces, como obligando o negociando con Dios para que haga un favor.

Formas espirituales de la oración

Es importante saber que cada nivel de comunicación, tiene su propia forma de experimentarse, de hecho las mismas escrituras permiten verlo:

1. Oración con entendimiento – 1 Corintios 14:15.

Cuando alguien te pide que ores por alguna persona, debes saber a qué se refiere la petición, de otra forma, es como que te envíen a una comisión pero no te digan a dónde debes ir; es necesario tener el conocimiento, la causa por la cual te están pidiendo una oración.

2. Oración en el lenguaje del Espíritu – 1 Corintios 14:14.

Esto es cuando la oración es por medio de lenguas, lo cual no es lo mismo que la oración con gemidos.

3. Oración con gemidos – Romanos 8:26.

Esta es la oración en la cual el Espíritu Santo te ayuda como la que pudiste leer al principio de este capítulo.

Entonces cuando hablo de formas espirituales, puedo dejar en cierta forma la analogía diciendo que en un diccionario que tiene estudios del idioma hebreo, te enseña algo y luego en el idioma griego te dice cómo funciona.

Posiciones espirituales de la oración

1. **De pie** – Posición de guerra.

2. **De rodillas** – Posición de sujeción y humildad.

3. **Postrado** – Posición de reverencia y adoración.

Estos puntos los estoy dejando plasmados para que veas entonces que hay, tanto formas como posiciones en la comunicación divina, son características que debes aprender porque si estás en plena guerra espiritual, no es el momento de estar postrado.

El Secreto Del Clamor

Aunque en determinado momento ya habrás escuchado a este respecto, lo que aprenderás a partir de este punto, es como complemento de ese conocimiento adquirido en el pasado porque el clamor tiene su propia forma de realizarse como lo notarás a partir de este momento.

¿Cuál es el secreto del clamor?

- El clamor era y es una forma de comunicarle a Dios una petición de urgencia a manera de que muchos la oyeran, es decir, se realiza en voz alta, lo haces como saliendo tu voz desde lo más profundo de tu ser como ya lo mencioné anteriormente en los significados de lo que es el clamor.

- Es interesante saber que desde el Antiguo Testamento, hasta los días de Cristo, la oración nunca se hacía en silencio.

- Se oraba en voz alta porque (según los estudiosos), la mente está mejor concentrada en la oración que se hace y aunque haya distracción que pueda estar llegado de parte del enemigo, el clamor puede estar debidamente fijado en lo que corresponde.

- La oración en la mente casi nunca la realizaron los hombres de la fe en el Antiguo Testamento, porque es más fácil que sufra distracciones.

- Recuerda que la mente es un campo de batalla.

- La mente puede estar programada con distracciones cada 7 minutos como si fuera publicidad televisiva; la cual es repetitiva porque busca cambiar las ideas propias de la gente, por las que otros quieren que se tengan, con el propósito de inyectar una necesidad que quizá no existe en alguien, pero a través de esas distracciones, finalmente convertirla en la mente de un comprador compulsivo. Por supuesto que todo esto ya es parte de la cultura en la que el mundo entero vive.

Estas oraciones Jesús las hizo en voz alta:

Mateo 26:39 (LBA) Y adelantándose un poco, cayó sobre su rostro, orando y diciendo: Padre mío, si es posible, que pase de mí esta copa; pero no sea como yo quiero, sino como tú *quieras*.

Mateo 26:42 (LBA) Apartándose de nuevo, oró por segunda vez, diciendo: Padre mío, si ésta no puede pasar sin que yo la beba, hágase tu voluntad.

- Con esto puedo decir entonces que el secreto del clamor está en orar en voz alta con el propósito de eliminar toda distracción y que estés debidamente enfocado en lo que estás haciendo en ese preciso momento dentro de la comunicación divina.

- Cuando se ora en voz alta, la mente se une al espíritu humano en acuerdo, y el enemigo no logrará distraer al intercesor.

- Hablar de la mente involucra al alma y sus emociones, de manera que hay más concentración y no se contamina tu oración.

- Esta es la razón por qué la gente tiene batallas cuando ora en voz baja, su mente está siendo dardeada por el enemigo y la persona sin querer, puede llegar a blasfemar.

- De manera que el consejo es que, aquellas personas que tienen ese tipo de batallas en el momento de orar, deben empezar a clamar, trasladar su oración en clamor; por supuesto que no es que, entre más grites mejor escuchará Dios; porque las onda que emite tu voz tienen un límite, pero el Espíritu Santo verá la intención de tu corazón y entonces tomará la oración para ascenderla hasta el trono de Dios.

- Cuando se ora en voz alta, entrará en escena el poder de la lengua, librarás el poder de tu lengua.

Proverbios 18:21 La muerte y la vida están en poder de la lengua; y el que la ama comerá de sus frutos.

- Si oras en silencio y eres dardeado, puedes blasfemar; pero si clamas a voz en cuello, las bendiciones que hayan estado programadas en tu espíritu humano para ser pronunciadas, las dirás y tendrás la bendición que deseas.

- Cuando se ora en voz alta, la unción y autoridad cae sobre el hombre y mujer que están orando o intercediendo. Personalmente lo he experimentado, de tal manera que el intercesor sentirá la presencia de Dios, Su unción derramada sobre su vida.

Tres formas de clamar

1. **Clamando al Señor:** por el peligro, dolor o una emboscada (individual). Este es el momento cuando la persona está consciente del peligro que está enfrentando.

2. **Clamando al Señor:** en grupo o asamblea (unidos en clamor de grupo).

3. **Clamando al Señor:** para pedir ayuda a una persona o dar una advertencia.

El principio del clamor entonces es que llames la atención de Dios en el momento preciso, aunque debes saber que El no es ajeno a lo que vives diariamente; la situación con todo esto es que, a partir del momento cuando se rompe la comunicación a consecuencia del pecado que comete el hombre; la forma de comunicación entre Dios y el hombre, se eliminada. De tal manera que es entonces cuando surge la oración, hay escalones para la comunicación porque con Adán, él le hablaba a Dios directamente, El descendía y tenían comunicación.

El Origen Del Clamor

Para comprender cómo funciona el clamor necesitas conocer su punto de origen, no en tiempo, sino que, definirlo desde la perspectiva del idioma griego, aunque en el principio pudiste observar unos puntos que era necesario dejarlos escritos para darme a entender en ese punto.

Definiendo el clamor

Clamor G2896 krázo: verbo primario; propiamente «graznar» (como cuervo) o gritar, i.e. (generalmente) llamar a gritos (chillar, exclamar, llamar):- **prorrumpir en alta voz**, dar voces, aclamar, alzar (la voz), clamar.

El clamor son gritos que viene del centro del **plexo solar**. En comparación al gemido, el cual según los estudiosos, es como el sonido de un caballo que está cansado o el arrullo de una paloma; así el clamor tiene una forma comparativa diferente, es como el sonido de un cuervo.

El plexo solar o el vientre

Es el centro de tu vientre, de donde el Espíritu Santo hace fluir ríos de agua viva. La palabra plexo solar no existe en la Biblia, pero es el equivalente al vientre.

Ombligo o plexo solar: es el centro de las **emociones**; en esa parte se encuentra un nervio llamado el **nervio vago**.

La emoción es: koilia #2836 asiento de las emociones, esto es identificado anatómicamente y **médicamente con el plexo solar**, una parte del sistema nervioso central, muchas veces es traducido como el estómago.

¿Qué tiene que ver todo esto con el clamor?

Porque es necesario saber cuáles son los principios y las bases de todo lo que Dios está permitiendo en el final de los tiempos, tener mayor entendimiento para poner el énfasis necesario en el momento justo para alcanzar mayor efectividad.

Puedo decir entonces que en el escenario de un intercesor clamando está:

1. El espíritu humano.
2. El alma (mente, pensamientos y emociones).
3. Las palabras.
4. Las cuerdas bucales.
5. El estado anímico en el que se encuentra el intercesor.

Entonces cuando alguien está clamando, no es solamente que grite, sino que debe haber una especie de fórmula debidamente combinada para que surja el efecto espiritual deseado.

Definiendo el clamor

Es definido como la insistencia en pedir algo, acompañado de diferentes sentimientos, razón por la cual también es la manifestación del llanto y súplica en medio de gritos. El clamor implica un gran porcentaje de sentimientos y emociones que se encuentran en el alma de cada persona, de manera entonces que el punto de partida del clamor es el alma.

También mencioné que en el plexo solar, donde se origina el clamor; se encuentra el nervio vago por lo tanto es necesario entender el significado y la relación que tiene con este nivel de comunicación divina, donde también puede haber lágrimas.

El Nervio Vago

Es un conjunto de nervios que se origina en la parte superior de la médula espinal. Este activa diferentes órganos en todo el cuerpo, tales como el corazón, los pulmones, el hígado y los órganos digestivos.

Origen del nombre de Nervio Vago

En el año 1921, el fisiólogo alemán llamado Otto Loewi descubrió que la estimulación del nervio vago causaba una reducción de la frecuencia cardíaca mediante la liberación de una sustancia que él llamó **Vagusstoff** *(en alemán* **Sustancia Vaga***).*

La **Sustancia Vaga** *fue más tarde identificada como la acetilcolina y se convirtió en el primer neurotransmisor identificado por los científicos.*

Vagusstuff *es literalmente un tranquilizante natural que podemos auto administrar simplemente tomando algunas respiraciones profundas con exhalaciones largas.*

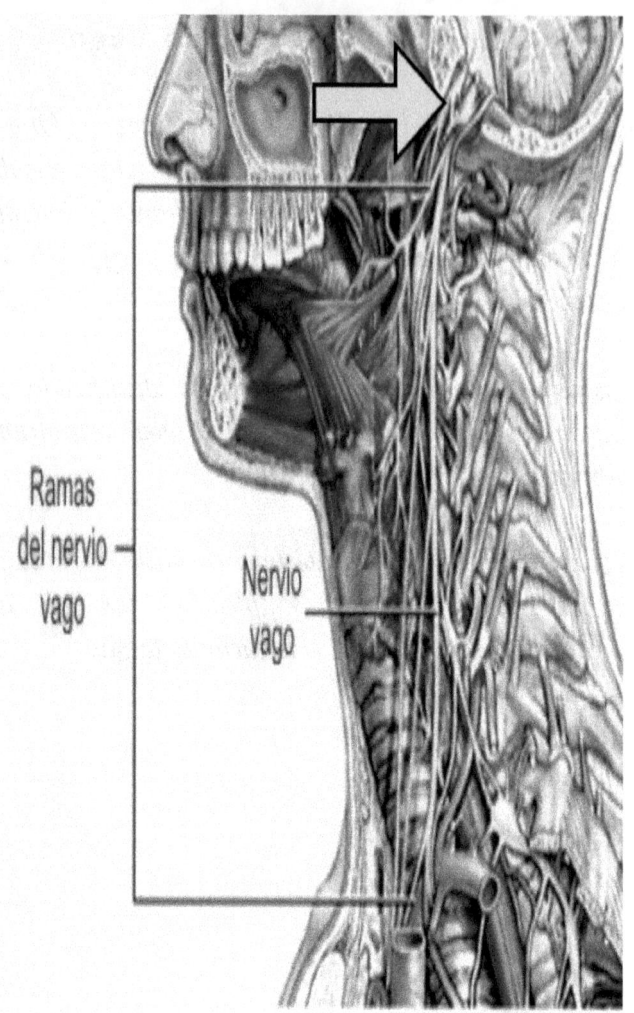

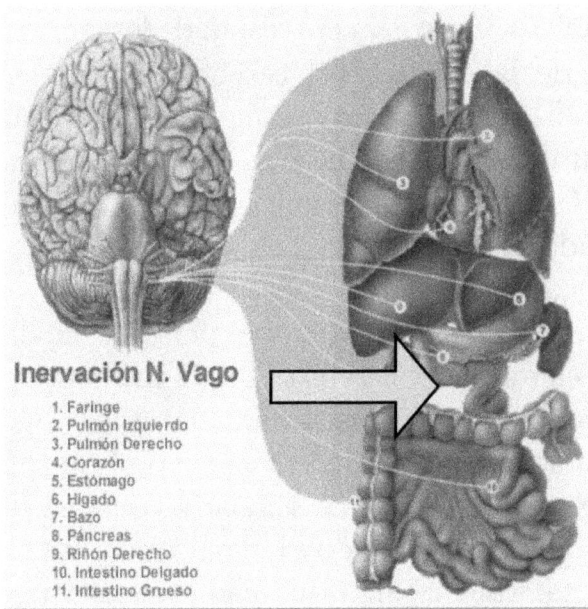

Estas imágenes muestran la distribución del nervio vago en los órganos del cuerpo.

La guerra espiritual al espíritu humano

Ahí hay un nervio llamado **nervio vago** (la palabra vago, en latín significa **errante**, por eso **vago** es conocido como el nervio **errante**).

El **nervio vago** inflamado es una alteración que afecta al décimo nervio craneal (en total tenemos 12 pares de nervios craneales). Al afectar el cerebro puede afectar las emociones del creyente.

El **nervio vago** son en realidad dos nervios que salen de la cabeza (del cerebelo exactamente) y enervan (debilita o quita las fuerzas) el aparato digestivo intestinal, el respiratorio, el corazón, el hígado y el oído si se encuentra afectado.

En conclusión, cuando una persona se dispone para clamar, del cerebro, (en la primera imagen está marcado con una flecha cual es el origen), la información llega hasta el vientre o plexo solar (en la segunda imagen está señalado con una flecha), para que sea expresado el clamor con la emoción correcta. Esto es algo que cada persona que está dirigiendo un grupo de intercesores, debe aplicar adecuadamente con el propósito que haya un verdadero fluir en el nivel del clamor.

¿Cuándo es activado el nervio vago?, un ejemplo que puedo citar es en el momento de la adoración a Dios; el nervio vago lo percibe y empiezas a sentir una sensación inexplicable desde tu vientre.

La guerra espiritual afecta el cerebro y las emociones

El **nervio vago** está constantemente enviando información sobre el estado de los órganos al cerebro. De hecho, entre el 80% y el 90% de las fibras nerviosas del nervio vago se dedican a la comunicación del estado de las viseras al cerebro. Al afectar el cerebro puede afectar las emociones del creyente. Dicho en otras palabras, al recibir una notificación de cualquier cosa, te mueve al momento en que debes clamar, es entonces cuando se activa todo lo que ya expliqué lo cual se origina en el nervio vago.

Ese décimo de los nervios craneales, a menudo llamado el **Nervio de la compasión**, cuando está activo, ayuda a crear las **ondas calurosas** que sientes en tu pecho cuando te dan un abrazo o te conmueve algo. De manera que el nervio vago tiene su función en el sentimiento, la emoción, la urgencia, la angustia que se siente por la cual clamas.

El nervio vago es el que pone en comunicación el diafragma con el cerebro, y transmite nerviosismo o sosiego, ira o calma entre algunas cosas que realiza.

El ataque que el enemigo lanza al espíritu humano lo hace para afectar al nervio vago porque es el que envía continuamente información sobre el estado de tus órganos al cerebro.

La Química De La Oración y La Intención

La oración, el clamor, el gemido y la intercesión deben tener una química que revele la intención de tu oración. Teológicamente esto se conoce como: **KAVANAH** lo cual es la mentalidad necesaria para el momento de la oración. Este punto lo amplié en los capítulos anteriores.

Kavanah proviene de una antigua raíz verbal donde el punto principal de la intención se revela por el corazón de intercesor. Connota **dirigir, preparar, establecer,** es decir, una orientación de mente y de corazón e intención. Literalmente significa: **intención, sentimiento sincero, dirección del corazón.**

Kavanot permite ver que al orar debes ser lleno de sentimientos en tu corazón y en la mente, no sólo en la boca. Esto fue lo que el Señor les reprendía a la secta de los fariseos, los escribas y a los gentiles.

Marcos 7:6 Y El les dijo: Bien profetizó Isaías de vosotros, hipócritas, como está escrito: "ESTE PUEBLO CON LOS LABIOS ME HONRA,

PERO SU CORAZON ESTA MUY LEJOS DE MI.

Mateo 6:7 Y **al orar, no uséis repeticiones sin sentido**, como los gentiles, porque ellos se imaginan que serán oídos por su palabrería.

Jesús sabía que el judaísmo estaba lleno de ritualismos.

El Misterio Del Clamor Que Cambia Veredictos

El misterio del clamor que Dios responde, está íntimamente ligado con uno de los nombres de Dios y en ese nombre está la explicación de este misterio por el cual el clamor cambia veredictos.

También debo ampliar que, la palabra misterio tiene un significado diferente en el ámbito secular, a lo que se puede interpretar bíblicamente. Secularmente es algo que está inconcluso porque no hay mucho conocimiento, mientras que bíblicamente es algo que fue un secreto pero de pronto Dios lo revela para que quede en calidad de misterio bajo Su entendimiento, por eso el misterio del clamor puede cambiar un veredicto.

Jeremías 33:3 Clama á mí, y te responderé, y te enseñaré cosas grandes y dificultosas que tú no sabes.

Jeremías 33:3 Clama a mí, y yo te responderé y te revelaré cosas grandes e inaccesibles, que tú no conoces.

Parecería contradictorio que sea un misterio y haya revelación; sin embargo hay cosas inaccesibles y desconocidas; el punto es que mientras estés en esta dimensión, habrá cosas que no las comprenderás desde el punto de vista humano, por más lógica que le quieras aplicar; es inexplicable.

Todo clamor es respondido por Dios

¿Qué misterio tiene el clamor de manera que Dios responde?

- Sin lugar a dudas, un clamor viene como un indicador de angustia desde adentro de tu espíritu.

- Pasa por tu corazón para poder expresar el sentimiento que ahí anida.

- Cuando Dios mira el clamor de tu espíritu, es llamada Su atención porque El conoce el estado original de tu espíritu, sabe que en el clamor hay algo que anda mal en tu espíritu y por eso te responde.

- Dios lee entonces las emociones de tu corazón.

A continuación veras diferentes tipos de clamor en la Biblia, su referencia bíblica y el resultado que obtuvo ese clamor:

En el Antiguo Testamento:

Clamor	Referencia.	Resultado.
Israel clamó al Señor	Exodo 2:23	Dios recordó el pacto
Israel clamó en el mar rojo	Exodo 14:10	Dios abrió el mar rojo
Moisés clamó por agua	Exodo 17:4,6	Dios partió la roca
El pueblo clamó al Señor	Números 20:16	Dios envió un ángel
El pueblo clamó al Señor	Jueces	Dios escuchó el clamor
Samuel clamó al Señor	1 Samuel 12:18	Dios los liberó de los Filisteos

En el Nuevo Testamento:

Clamor	Referencia.	Resultado.
2 ciegos clamaron al Señor	Mateo 20:30	Jesús sanó a los 2
Los discípulos en la barca clamaron	Marcos 6:49	Jesús calmó la tormenta
Un padre clamó al Señor	Marcos 9:25	Jesús sanó al hijo
Bartimeo clamó al Señor	Marcos 10:48	Jesús sanó a Bartimeo

En cada uno de estos ejemplos dice que hubo clamor, no oración en silencio o mental; hubo clamor bajo la perspectiva que ya describí, lo estoy haciendo para que sea testimonio a tu vida y que no abandones el clamor porque un día verás el resultado esperado, se cambiarán los veredictos que fueron dictados en contra de tu vida o de la persona por la cual estás intercediendo.

La Biblia deja ver que en el corazón hay pensamientos e intenciones que Dios discierne o los lee.

Hebreos 4:12 (LBA) Porque la palabra de Dios es viva y eficaz, y más cortante que cualquier espada de dos filos; penetra hasta la división del alma y del espíritu, de las coyunturas y los tuétanos, y *es poderosa* para **discernir los pensamientos y las intenciones del corazón**.

¿Cuál es la base del misterio del clamor?

Génesis 17:1 Y siendo Abram de edad de noventa y nueve años, el SEÑOR se le apareció, y le dijo: Yo soy el **Dios Todopoderoso**; anda delante de mí, y sé perfecto.

La primera vez que aparece este nombre, es revelado a Abram.

Todopoderoso H7706 Shaddái: el Todopoderoso, Dios omnipotente, Todopoderoso.

Si buscas en a las antiguas lenguas semíticas donde se usaban en el área de la tierra de Mesopotamia, lugar de origen de Abram y de la antigua civilización de sumeria; los rabinos dicen que de esa región vino la palabra SHAD con la que se dice pechos. Originalmente esta palabra se refería a los pechos de un animalito hembra.

Ahora bien, el punto hacia donde quiero enfocarme es que, si Abram no hubiera tenido el conocimiento básico de lo que significaba aquella palabra con la que Dios le habla en **Génesis 17:1**, no hubiera impactado su corazón.

El Shad-dai

SHAD es la raíz de la palabra **SHADDAI**, a partir de allí fue usada en el pueblo de Israel.

Shaddai es una palabra femenina que hace referencia a las funciones maternales de Dios, no estoy diciendo que El es de género femenino, sino que, tiene funciones maternales y es la razón por la cual al Espíritu Santo se le llama en determinado momento el Shaddai, porque cumple con esas funciones para lo que se refiere el lugar materno en una familia, te explica los mandamientos del Padre como sucede en lo natural, tu papá te dice qué debes hacer y tu mamá en determinado momento te explica lo que él desea.

Génesis 49:25 (LBA) ...por el Dios de tu padre que te ayuda, y por el Todopoderoso (**SHADDAI**) que te bendice con bendiciones de los cielos de arriba, bendiciones del abismo que está abajo, bendiciones de los pechos (**SHAD**) y del seno materno.

SHADDAI significa: Todopoderoso, que bendice con bendiciones de los pechos y del seno materno.

Ese fue el conocimiento que Abram adquirió y que le heredó a su hijo Isaac, este a su hijo Jacob y él lo interpreta en su bendición para José.

Hay estudiosos de teología que interpretan la palabra el **Shaddai** de la siguiente manera:

- **Pechos que amamantan.**
- **Muchos pechos.**

Podrías pensar, **¿qué tiene que ver todo esto con el secreto del clamor?**

Los médicos dicen que, la leche en el seno materno de una mujer para amamantar a su recién nacido o nacida, **es provocado por el llanto de su niño o niña.**

- El llanto del recién nacido mueve a compasión a su madre para que su cuerpo produzca el alimento y que no siga llorando.

- Esto en figura es que, cuando clamas, el Espíritu Santo te responde y eres fortalecido por esa respuesta que estás necesitado de recibir como un recién nacido recibe la leche materna; el veredicto se cambia y en lugar de ausencia de alimento, recibes abundancia para que seas lleno con la fuerza de Dios y puedas seguir adelante.

- Un niño recién nacido no le importa la hora que sea, el tiene necesidad de la leche materna y llora hasta que la recibe; eso mismo debe suceder con el clamor, si tienes una necesidad o estás intercediendo en clamor por otra persona, debes hacer tuya esa necesidad para poder tener un clamor de lo más profundo de tu ser hasta recibir el favor que necesitas de Dios.

Romanos 8:15 Pues no habéis recibido un espíritu de esclavitud para volver otra vez al temor, sino que habéis recibido un espíritu de adopción como hijos, por el cual **clamamos: ¡Abba, Padre!**

Gálatas 4:6 Y porque sois hijos, Dios ha enviado el Espíritu de su Hijo a nuestros corazones, **clamando: ¡Abba! ¡Padre!**

Puedes clamar al Padre, puedes clamar al Hijo y puedes clamar al Espíritu Santo.

Salmo 34:18 Cercano está el SEÑOR a los quebrantados de corazón, y **salva a los abatidos de espíritu**.

Salmo 51:17 Los sacrificios de Dios son **el espíritu contrito**; al corazón contrito y humillado, oh Dios, **no despreciarás**.

Salmo 39:12 Escucha mi oración, oh SEÑOR, y **presta oído a mi clamor**; no guardes silencio ante mis lágrimas; porque extranjero soy junto a ti, peregrino, como todos mis padres.

Clamamos Por La Respuesta De Dios

Cuando clamamos, es precisamente porque existen adversarios que se están oponiendo a nuestro avance, sin embargo, debemos saber también que obtendremos la respuesta de Dios, dependiendo de cómo esté nuestra alma, porque de eso dependerá lo que nosotros le pidamos a Dios y en la forma en que se lo pidamos, para que obre a favor de nuestra vida; por ejemplo: podemos encontrar oposición ante determinada situación que está sucediendo en nuestra vida y dependiendo del estado en el que se encuentre nuestra alma, podemos estar proclamando juicio contra una persona, cuando la verdad es que una potestad se está moviendo a través de aquel vaso que se prestó para hacer cualquier cosa a favor de las tinieblas; podríamos estar pronunciando términos jurídicos en los ambientes espirituales, pero si nuestra alma no está agradando a Dios, entonces estaremos utilizando armas carnales; obviamente el enemigo permite que nosotros utilicemos toda estrategia, pero estando en su terreno, porque las armas carnales surgen cuando nuestra alma no ha sido examinada por nosotros mismos; puede ser que tengamos algunas situaciones escondidas que saltan a la luz precisamente impulsadas por lo que ven nuestros ojos naturales y es entonces cuando clamamos a Dios para que haga justicia, pero la realidad es que la amargura nos puede tener invadidos; y por lo tanto no recibimos la respuesta de Dios.

Quizá alguien esté clamando a Dios y puede ser que ese alguien esté en rebelión; el problema y el peligro es que esa persona desconoce o quizá olvida que al clamar está haciendo que haya un movimiento en los ambientes espirituales, porque cuando un alma clama, automáticamente está entrando en una batalla espiritual y lograremos la victoria dependiendo de la armonía que tengamos con nuestra alma. Por eso es que Dios está interesado en que nuestra alma esté a cuentas con Él; y para eso Dios permite que podamos revisar nuestra vida, nuestra alma y que podamos separar todo lo malo que podamos tener y entonces nuestro clamor ante Dios sea con la esperanza de una pronta respuesta en medio de la batalla espiritual para que el enemigo no nos lleve deliberadamente a su terreno de tinieblas con la estrategia de clamor, pero con desventaja porque tendremos armas pero carnales las cuales se usan por la condición del alma.

Por eso es que la Biblia nos deja ver que existieron hombres que pedían cosas a consecuencia de lo que estaban experimentando en su vida, por ejemplo: David decía que él recibía mal, por el bien que hacía:

Salmos 109:5-10 (LBA) Así me han pagado mal por bien, y odio por mi amor. Pon a un impío sobre él, y que un acusador esté a su diestra. Cuando sea juzgado, salga culpable, y su oración se convierta en pecado. Sean pocos sus días, y que otro tome su cargo; sean huérfanos sus hijos, y viuda su mujer; vaguen errantes sus hijos, y mendiguen, y busquen el sustento lejos de sus hogares en ruinas.

Por eso debemos escuchar el alma de una persona para discernir cuál es su condición, si está siendo enfocada en una situación autodestructiva en personas y no a las fuerzas espirituales; por eso debemos examinarnos constantemente para que el alma no sea engañada y no estemos utilizando armas carnales en medio de una batalla espiritual, porque debemos estar claros en este punto; cuando nuestra alma está afectada, nosotros lo que buscamos es venganza por todo aquello que estamos padeciendo o hemos padecido, y deseamos que le suceda lo mismo o algo peor a la persona que está siendo el vaso de deshonra en las manos del diablo en ese momento; y es entonces cuando peleamos contra carne y sangre, y no estamos clamando para que Dios juzgue nuestra condición y sea Él quien juzgue la condición de nuestra alma y decida obrar para traer una respuesta que nos dará la victoria.

Jeremías 15:19-21 (SRV) Por tanto así dijo Jehová: Si te convirtieres, yo te repondré, y delante de mí estarás; y si sacares lo precioso de lo vil, serás como mi boca. Conviértanse ellos á ti, y tú no te conviertas á ellos. Y te daré para este pueblo por fuerte muro de bronce, y pelearán contra ti, y no te vencerán: porque yo estoy contigo para guardarte y para defenderte, dice Jehová. Y librarte he de la mano de los malos, y te redimiré de la mano de los fuertes.

El Principio Jeremías

Debemos resaltar el principio dicho por el Profeta Jeremías: "debemos sacar lo precioso de lo vil", apartar lo bueno de lo malo, debe haber una separación para que nuestra boca sea como la boca de Dios y declare las palabras en la mente de Dios y en el Espíritu de Dios para que las cosas acontezcan según el plan y la estrategia de guerra que Dios tiene para hacer la obra en la tierra y hacer que las fuerzas del mal retrocedan; eso significa que el clamor que sale del alma de un hombre o mujer que ha logrado separar lo precioso de lo vil, es similar a la boca de Dios;

porque lo que esta persona declare, así sucederá, porque será el Espíritu Santo el que pondrá la palabra para que los dichos que estos hombres y mujeres pronuncien sucedan a favor del pueblo de Dios, por los cuales se ha levantado un remanente que clama a favor de la Iglesia del Señor Jesucristo.

Es imprescindible que haya una separación entre lo precioso de lo vil, nuestra vida debe estar separada de aquello que a Dios no le agrada, pero también debemos cuidar el no ser vilmente engañados e ir al terreno del enemigo y que como consecuencia estemos clamando a Dios en un clamor carnal, sino que el enemigo debe ser traído al terreno de Dios y entonces podremos aplicar sabiamente las armas espirituales con las que Él nos ha provisto. Debemos cuidar las estrategias que Dios nos ha enseñado porque podemos perder la batalla fácilmente cuando nos rebajamos al nivel de nuestro enemigo; somos vencidos porque la estrategia del enemigo no es pelear donde estamos siendo equipados, sino que él busca llevarnos a sus ambientes carnales para que peleemos con las armas que tengamos a nuestro alcance, él desea que peleemos con armas carnales, pero cuando estamos en la línea de guerra en la que Dios nos quiere mantener, el enemigo es derrotado en el nombre de Jesús porque es entonces la luz sobre las tinieblas, destruyendo aquellos ambientes carnales.

El clamor es una estrategia de Dios para obrar a favor de Su pueblo; el enemigo sabe que si nosotros logramos ponernos en pie de acuerdo a las estrategias de Dios, entonces él será destruido, porque en el terreno de Dios nosotros tenemos a nuestro favor los ángeles de Dios, está el clamor que Él escucha, pero sobre todo está Dios a favor nuestro; todo esto, en el terreno donde Dios nos quiere tener.

Por eso es que cuando estamos atravesando una angustia, Dios permite que seamos totalmente reducidos en nuestra fuerza, para que entonces Él nos llene con Su fuerza y sea de ese modo como peleemos, con Su fuerza y no con la nuestra.

2 Corintios 10:4 (LBA) ...porque las armas de nuestra contienda no son carnales, sino poderosas en Dios para la destrucción de fortalezas...

Es interesante que cuando vemos la palabra fortaleza, no está refiriéndose a fuerza bruta, sino a pensamientos negativos que poseen nuestros enemigos en nuestra contra, hacia lo que estamos haciendo o lo que deseamos hacer de parte de Dios, por ejemplo: un brujo con pensamientos negativos puede estar echando maldiciones o haciendo hechizos en nuestra casa o en la Iglesia, y lo primero que llega a nuestra mente es que vayamos a proclamar maldiciones en contra de las personas físicas que están siendo usadas por potestades de las tinieblas, es entonces cuando las tinieblas están ganando la batalla; pero si en lugar de rebajarnos al nivel de aquellas personas, clamamos a Dios con un alma limpia y pura, entonces será Dios el que se levante a nuestro favor y Él puede batallar como quiera porque para eso es Dios, nadie le puede señalar ninguna mancha de pecado.

2 Crónicas 20:1-3 (LBA) Y aconteció después de esto, que los hijos de Moab y los hijos de Amón, y con ellos algunos de los meunitas, vinieron a pelear contra Josafat. Entonces vinieron algunos y dieron aviso a Josafat, diciendo: Viene contra ti una gran multitud de más allá del mar, de Aram y, he aquí, están en Hazezon-tamar, es decir, En-gadi. Y Josafat tuvo miedo y se dispuso a buscar al SEÑOR, y proclamó ayuno en todo Judá.

En la cita anterior, vemos que Josafat tuvo un momento de angustia, pero en lugar de sentarse con sus oficiales del ejército y planificar la forma de contraatacar a los enemigos, optó por la mejor opción que podía haber pensado; debemos resaltar que Josafat utilizó armas espirituales y no carnales como cualquier otro estratega de guerra hubiera hecho, porque convocar a un pueblo a que ayunen en medio de la angustia, es parte de una estrategia de guerra espiritual.

2 Crónicas 20:6 (LBA) y dijo: Oh SEÑOR, Dios de nuestros padres, ¿no eres tú Dios en los cielos? ¿Y no gobiernas tú sobre todos los reinos de las naciones? En tu mano hay poder y fortaleza y no hay quien pueda resistirte.

Ahora notemos la forma en la que está clamando a Dios. Para llegar a ese nivel de espiritualidad tuvo que haber examinado su alma, ponerse a cuentas con Dios, pedir perdón por aquello que sabía que estaba incorrecto; fue hasta entonces que llegó delante de Dios para reconocer que fuera de Él estaba perdido y clamó para que hiciera retroceder a sus enemigos; eso mismo podría estar sucediendo hoy con nosotros, estamos en medio de una situación sumamente difícil, este es el momento para llegar delante de Dios y admitir nuestra condición, pedir perdón, y una vez que reconozcamos que no podemos hacer nada fuera de Él, entonces clamar por misericordia.

2 Crónicas 20:9 (LBA) "Si viene mal sobre nosotros, espada, juicio, pestilencia o hambre, nos presentaremos delante de esta casa y delante de ti (porque tu nombre está en esta casa), y clamaremos a ti en nuestra angustia, y tú oirás y nos salvarás."

Josafat conocía el secreto del clamor, había examinado los elementos de la angustia, la fe, el tiempo, la esperanza que podía obrar a favor de su vida.

2 Crónicas 20:12 (LBA) Oh Dios nuestro, ¿no los juzgarás? Porque no tenemos fuerza alguna delante de esta gran multitud que viene contra nosotros, y no sabemos qué hacer; pero nuestros ojos están vueltos hacia ti.

Cuando logramos separar lo precioso de lo vil, nuestros ojos se vuelven hacia Dios.

2 Crónicas 20:15 (LBA) ...y dijo: Prestad atención, todo Judá, habitantes de Jerusalén y tú, rey Josafat: así os dice el SEÑOR: "No temáis, ni os acobardéis delante de esta gran multitud, porque la batalla no es vuestra, sino de Dios.

El resultado de clamar a Dios con un estado agradable delante de Él nos dará la victoria, porque entonces Él toma la batalla para sí, como si fuera de propia.

2 Crónicas 20:17 (LBA) "No necesitáis pelear en esta batalla; apostaos y estad quietos, y ved la salvación del SEÑOR con vosotros, oh Judá y Jerusalén." No temáis ni os acobardéis; salid mañana al encuentro de ellos porque el SEÑOR está con vosotros.

Cuando el pueblo reconoció la condición de su alma, Dios los llevó a un estado de esperanza, de paz y de fe; Dios los lleva a un nivel de angustia, pero cuando vieron que Dios había escuchado su clamor tuvieron quietud, porque sabían lo que Él haría a favor de Su pueblo.

2 Crónicas 20:21-22 (LBA) Y habiendo consultado con el pueblo, designó a algunos que cantaran al SEÑOR y a algunos que le alabaran en vestiduras santas, conforme salían delante del ejército y que dijeran: Dad gracias al SEÑOR, porque para siempre es su misericordia. Y cuando comenzaron a entonar cánticos y alabanzas, el SEÑOR puso emboscadas contra los hijos de Amón, de Moab y del monte Seir, que habían venido contra Judá, y fueron derrotados.

La Verdadera Guerra Espiritual

Ahora veamos el verdadero resultado de lo que conlleva una guerra espiritual; Dios nos revelará las estrategias, pero antes debemos analizar lo que llevamos en el alma y separar lo precioso de lo vil, debemos separar lo bueno de lo malo y alejarnos de todo aquello que nos puede llevar al terreno del enemigo donde podemos perder la batalla.

La importancia del clamor es saber que las palabras que se declaran salen del alma, pero el alma debe estar en un estado saludable para que no vayamos a provocar cosas que vengan a debilitar más nuestra vida, en nuestra boca llevamos un poder con cada palabra que pronunciamos; se pueden abrir ámbitos espirituales con efectos poderosos por cuando traen espíritu, por eso fue que Jesús dijo que Sus palabras traían Espíritu, las palabras son como una llave que abre paso al espíritu para encarnarse, sea esta palabra buena o mala.

Para poder llegar a esos niveles, necesitamos estar llenos del poder de la bendición y para eso primeramente tuvimos que haber sido bendecidos.

Lamentablemente también existen personas que con el poder en su boca, se atreven a maldecir con lo que han sido llenos; por eso es que cuando el proceso de restauración de nuestra alma está lleno de emociones, muchas veces estamos batallando con un pasado que solamente existe en nuestra mente, las emociones dañadas funcionan como una especie de cobertura a la memoria para que no sane de los recuerdos de un pasado que Dios ya perdonó.

Las emociones y los sentimientos están en el alma, si deseamos ser sanados, es necesario saber si nuestras emociones y sentimientos fueron dañados o no; y así cuando levantemos un clamor no nos jueguen un papel perjudicial que nos afecte y nos lleven a pronunciar palabras negativas. Al estar peleando una batalla espiritual con las emociones dañadas lo estaremos haciendo con armas carnales.

Nuestra alma es importante, por eso en el clamor de la ultima hora, antes de entrar a la batalla, es imprescindible analizar cuál es el estado de ésta, porque de eso dependerá mucho nuestra actitud en la batalla, por ejemplo: un soldado que se entrena, se disciplina, se prepara, el escenario para ese soldado es alcanzar una victoria en el campo de la batalla; pero también hay soldados heridos que vuelven a salir, pero su escenario no es victoria, sino que es un espectáculo como de circo, porque no pueden responder en la batalla por causa sus heridas y lo único que hacen es servir de exhibición ante los demás; esto es lo mismo que sucede con aquellos que no examinan su alma para buscar ministración y poder extirpar cualquier vestigio de pecado; están debilitados todo el tiempo y no pueden ser soldados victoriosos, en tal caso, lo mejor es no salir a la batalla y esperar la restauración.

Por eso antes de salir al campo de batalla en busca de la victoria debemos resolver los asuntos de nuestro pasado; la Biblia nos muestra que Dios le dice a Moisés que se presente ante Faraón para que deje ir a Su pueblo, si no los dejaba salir de Egipto entonces Dios mataría a todos los primogénitos; lo extraordinario de esto es que en ese lapso de tiempo el ángel de Jehová se le apareció a Moisés para matarlo, porque él iba a confrontar a un incircunciso, a las fuerzas de Faraón, pero él mismo no había circuncidado a su hijo, no había puesto la señal de pacto sobre su primogénito; es entonces cuando la esposa de Moisés circuncida a su hijo y lanza el prepucio a sus pies, y es cuando reconoce que él era un hombre de pacto, un pacto donde Dios está en todo momento.

Cuando somos siervos de Dios y estamos heridos, esa herida será usada por el enemigo en contra de nuestra misión en la tierra; cuando entramos en guerra espiritual para clamar y no hemos revisado el estado de nuestra alma estamos en riesgo de perder la batalla; porque desconocemos que en el clamor estamos permitiendo que haya una movilización espiritual alrededor nuestro.

Por eso es un riesgo muy grande el hecho de realizar actividades de guerra espiritual públicamente con gente que aún no ha sido liberada, porque salimos a confrontar potestades y principados, pero la gente que aún no ha sido liberada en su alma tiene puertas abiertas, receptores de amargura, rebelión y otras cosas con las que la gente es engañada; el problema más grave se manifiesta cuando volvemos a la Iglesia, porque entonces los ministros tenemos más inconvenientes con aquellas personas, porque lo que ellos hicieron fue prestar su cuerpo como vehículo para las potestades, porque cuando se tienen puertas abiertas ellos pueden entrar con derechos jurídicos debido a la condición del alma de aquellas personas.

De tal manera que si vamos a salir a las calles a hacer un clamor y librar una batalla para conquistar la tierra, debemos revisar nuestra alma antes de iniciar una batalla espiritual porque nos estamos enfrentando a un enemigo que no tiene la intención de jugar o entretenerse, sino que él sale a la batalla con el propósito de destruir al pueblo de Dios; por eso debemos considerar que confrontar potestades es una de las actividades más delicadas que puedan existir, por eso para comenzar fortalecidos debemos revisar el estado de nuestra alma, para que al momento de declarar palabras o hacer una declaración con intenciones jurídicas en los ámbitos celestes, se cumpla lo que pronunciamos. Claro que también debemos de considerar que existe el espíritu de contragolpe, represalias, espíritus de venganza, que están a la expectativa de la forma en la que estemos saliendo a la batalla y si puede engañarnos para hacer que entremos a su terreno, lo hará, porque cuando batallamos de esa forma estamos peleando en desventaja.

Por eso cuando nos iniciamos en lo que se conoce como guerra espiritual, Dios permite que sucedan situaciones en las que podemos ver introspectivamente y analizar si estamos yendo a la batalla espiritual con armas carnales, porque en tal caso, lo primero que debemos hacer es poner en orden nuestra alma, para que podamos estar seguros que no seremos vilmente debilitados en medio de la batalla. Por eso cuando surgen batallas y de pronto sentimos que nos estamos debilitando, debemos saber que tenemos algo en el alma que no es de Dios, algo que está deteniendo nuestro desarrollo espiritual; peor aún, quizá tengamos mucho tiempo clamando por alguna situación que nos está incomodando y la respuesta que tanto buscamos no llega a consecuencia del estorbo que llevamos en el alma, quizá una amargura que no hemos llevado a la luz para que sea extirpada; ciertamente la respuesta de Dios llegará, porque escrito está: clama a mí y yo te responderé... pero si nuestra alma no está preparada para recibir la respuesta, ésta no llegará aunque pasen 10 años.

Cuando Dios escucha nuestro clamor, Él desea obrar a favor de nuestra vida, pero el principio que debemos aplicar para no estorbar Su respuesta, es que nuestra alma esté limpia para que no haya un auto bloqueo, para que no seamos nosotros mismos los que estemos pidiendo y a la vez deteniendo la respuesta divina. Cuando clamamos con el alma desatada, Dios nos responde, y una de las cosas que hace es que nos rodea de ángeles a favor nuestro; pero debemos insistir en el punto que para tener el alma libre de ataduras, debemos volvernos a Dios, caminar en la santidad, separar lo precioso de lo vil, estar delante de Él dispuestos a que nos examine y que ordene nuestra vida.

Por último, debemos recordar que no es lo mismo echar fuera espíritus inmundos a romper ataduras o cadenas; si la atadura permanece por mucho tiempo en la vida de una persona puede ser usada por un espíritu inmundo; pero el punto es que existen ataduras que podrían haberse colocado recientemente en nuestra alma y es por eso que el alma está cargada, inquieta, enojada, amargada, con ira, con rebelión, con resentimiento, con dolor, con enojo; Dios desea echar de nuestra vida demonios y espíritus inmundos; pero no podemos clamar a Dios para que haga justicia cuando no hemos podido perdonar, esto es bastante delicado; debemos reconocer que perdonar no es sinónimo de decir: aquí no ha sucedido nada, porque sí han sucedido situaciones. Pero si hemos perdonado verdaderamente, entonces sí es sinónimo de decir que no estamos dispuestos a seguir llevando en los hombros la carga de la venganza, porque la venganza es de Dios.

Si de pronto nuestra alma no ha podido perdonar y quizá han pasado muchos años de esa manera, este es el momento para hacerlo, de esta forma podremos elevarnos a niveles espirituales que ni siquiera nos imaginábamos y como consecuencia veremos la respuesta de Dios a nuestro favor.

El Secreto del Gemido

Capítulo 7

Hemos visto que Dios nos permite tener varios medios de comunicación para que podamos hablar sobre bases legales en los ambientes espirituales, entre ellos encontramos el clamor, la oración, el gemir y la intercesión, de tal manera que el desarrollo de este capítulo estará enfocado en el gemir. Podemos decir que el gemir es el siguiente nivel después de haber clamado delante de Dios, aunque podemos estar gimiendo y pasar al nivel del clamor, porque en ambos niveles se puede experimentar una transición, dependiendo de los ambientes creados.

Romanos 8:26-27 (LBA) Y de la misma manera, también el Espíritu nos ayuda en nuestra debilidad; porque no sabemos orar como debiéramos, pero el Espíritu mismo intercede por nosotros con gemidos indecibles; y aquel que escudriña los corazones sabe cuál es el sentir del Espíritu, porque El intercede por los santos conforme a la voluntad de Dios.

Podemos notar que el Espíritu de Dios intercede por nosotros, utilizando una parte de nuestro ser integral, o sea, nuestro espíritu humano siendo ayudado por el Espíritu de Dios para que oremos como conviene.

Ezequiel 9:4 (LBA) ...y el SEÑOR le dijo: Pasa por en medio de la ciudad, por en medio de Jerusalén, y pon una señal en la frente de los hombres que gimen y se lamentan por todas las abominaciones que se cometen en medio de ella.

El Gemido Marca De Preservación

Vemos en el libro del Profeta Ezequiel que el gemido es una marca de preservación, aunque la Epístola a los Romanos nos enseña que el Espíritu de Dios está ayudando a la persona para que interceda como conviene; a la vez denota que este tipo de personas tienen una relación con el Espíritu Santo y que es Él quien permite que se vayan desarrollando vínculos de intimidad, el Espíritu Santo tiene una función muy importante en el gemir de una persona, de tal manera que podemos decir que se gime ayudados por el Espíritu Santo.

Éxodo 2:23-24 (LBA) Y aconteció que pasado mucho tiempo, murió el rey de Egipto. Y los hijos de Israel gemían a causa de la servidumbre, y clamaron; y su clamor, a causa de su servidumbre, subió a Dios. Oyó Dios su gemido, y se acordó Dios de su pacto con Abraham, Isaac y Jacob.

En esta cita podemos ver claramente la transición que existe de un gemido que se transforma en clamor, ambos están íntimamente relacionados.

Según lo que describe Romanos 8:26-27, podemos ver que el gemir surge cuando llega la debilidad, pero si la debilidad no es auxiliada por el Espíritu Santo comenzamos a gemir por el espíritu humano y es entonces cuando el alma empieza a quejarse de todo lo que está aconteciéndole; de tal manera que si el espíritu humano no gime como conviene, el alma se queja como no es conveniente.

Cuando alguien no tiene intimidad con el Espíritu Santo y cae en debilidad, obviamente no cuenta con la ayuda que necesita, en ese momento no puede discernir que carece de la ayuda del Espíritu Santo para que lo auxilie y eso solo puede llevar al alma a un nivel donde comienza a quejarse. Por eso el Espíritu Santo nos ayuda a gemir en nuestra debilidad, para que pidamos como conviene, en lugar de quejarnos por la situación que estamos atravesando.

Gemido O Queja: Dos Cosas Diferentes

En el secreto del gemido (dependiendo de la forma como vean su situación) podemos decir que existen dos tipo de personas,:

1. Los que conocen el secreto del clamor y disciernen cual es el momento para gemir; éstos encuentran la forma de eliminar

cualquier situación negativa que estén viviendo, por difícil que ésta sea, siempre están clamando y gimiendo.

2. Los que no conocen el secreto del gemido y todo el tiempo se están quejando por lo que están viviendo, sienten que no encuentran la salida a sus problemas, entonces su alma toma el control y en lugar de clamar y gemir como conviene, buscan llegar a Dios pero con quejas.

Con esto vemos entonces que existen dos formas de actuar en medio de la debilidad: una es gemir por medio de nuestro espíritu siendo guiados por el Espíritu Santo y la otra es elevar una queja, renegando por las situaciones que podamos estar viviendo.

Es necesario que estemos apercibidos de los secretos que Dios nos revela a través Su Palabra, para que podamos utilizarlos como llaves que activan realidades extraordinarias, que nos conducen a experiencias mayores; y es entonces cuando podremos ver cómo Dios se manifiesta y obra a través de nuestras vidas, aún en momentos en los que el mundo podría pensar que es difícil que alguien encuentre una solución a cualquier tipo de problemas.

Por eso desde que llegamos a Cristo debemos saber que las generaciones que nos antecedieron, descubrieron esta realidad, aplicaron estos secretos, y encontraron la respuesta que anhelaban de parte de Dios que a pesar de la situaciones difíciles que pudieron vivir.

Es de suma importancia que aprendamos los estados desde donde nos podemos presentar delante de Dios: gemidos o quejas. Tenemos la oportunidad de poner en práctica el gemir como conviene, siendo guiados por el Espíritu Santo.

Es importante comprender que la queja más que una petición de auxilio, es la inconformidad ante los procesos a los que estamos siendo sometidos, en la Biblia podemos ver que existieron hombres que fueron debilitados por espíritus de debilidad y al quejarse declararon palabras negativas, por ejemplo: en el tiempo de la generación de Moisés, se desató un espíritu de debilidad en contra de Israel y los debilitó al punto que los llevó a quejarse hasta que incluso Moisés, deseaba morirse; pero lo que Dios desea es que aprendamos a gemir ayudamos por el Espíritu Santo y pidiéndole a Dios en Su lenguaje las cosas que convienen.

Otro personaje que podemos encontrar con queja que lo llevo a querer morirse fue el Profeta Elías, producto de una debilidad; otro Profeta en la misma situación fue Jeremías, otro personaje fue Jonás; hombres que fueron atacados por un espíritu de debilidad que los hizo quejarse en determinado momento por la dificultad que tuvieron para desarrollar su ministerio en la obra de Dios; por eso es que Dios nos ha dejado el arma llamada: gemir.

Lucas 13:11 (LBA) ...y había allí una mujer que durante dieciocho años había tenido una enfermedad causada por un espíritu; estaba encorvada, y de ninguna manera se podía enderezar.

Lucas 13:11 (BNM) Y, ¡mira!, una mujer que tenía **un espíritu de debilidad** desde hacía dieciocho años, y estaba encorvada y no podía levantarse de manera alguna. Esto es lo que dice el griego, "**Debilidad**"

Lucas 13:11 (RV2000) Y he aquí una mujer que tenía espíritu de enfermedad [hacía] dieciocho años, **y andaba agobiada**, que en ninguna manera se podía enderezar.

Lo que podemos comprender entonces es que la mujer a la que se refiere este versículo, estaba sojuzgada por un espíritu que le causaba esa enfermedad, al grado que la agobiaba y debilitaba.

Lo interesante es que cuando investigamos acerca de este caso reportado en la Biblia, encontramos que esto sucedió en el periodo del imperio romano; en ese tiempo existía una creencia acerca de que las enfermedades llegaban a consecuencia de una potestad llamada Astenia; de tal manera que los romanos y griegos juntamente, levantaron un ídolo al cual lo adoraron al grado que le hicieron un templo para buscarlo y ofrecerle sacrificios.

Más adelante le cambiaron de nombre y pasó a ser Esculapio, pero seguía siendo el mismo espíritu al que originalmente se le conocía como Astenia, espíritu el cual causa debilidad física, emocional y moral; a este espíritu se refería el Apóstol Pablo cuando dijo que si el Espíritu de Dios nos ayuda a interceder como conviene, el espíritu de Astenia no se enseñoreara de nosotros llevándonos a elevar una queja delante de Dios, en lugar de gemir.

La misericordia de Dios es tan grande que Él envía Su Santo Espíritu para que no haya lugar en nuestra vida para la queja, sino que podamos elevar nuestro clamor o gemir y podamos pedir como conviene.

Si vamos a gemir, debemos saber que no es una oración con palabras debidamente articuladas; el gemir es un lenguaje que sale de lo más profundo de nuestro ser con dichos indecibles o gemidos que no se comprende en ningún lenguaje sobre la faz de la tierra, sino que solamente Dios puede comprender cuando nuestro espíritu está gimiendo para que Él haga lo que deba hacer en nosotros.

Las grandes batallas de los que clamamos en la última hora, será cuidarnos del espíritu de debilidad o Astenia para que no nos lleve a quejarnos de las cosas que podamos estar viviendo en determinado momento de nuestra vida.

Cuando estudiamos el secreto del clamor, vimos que existen forma legales en los ambientes espirituales para que le podamos pedir a Dios; también dijimos que la oración es articular palabras con entendimiento, por eso es que Jesús enseñó a orar, sin embargo, lo que Él enseñó fue un modelo, no un molde que debíamos utilizar siempre.

Vimos que la intercesión es el hecho de presentarnos delante de Dios para llevar una petición a favor de otros y también dijimos que el gemir es una petición de nuestro espíritu, ayudados por el Espíritu Santo con sonidos indecibles.

En la primera cita de este estudio describimos que cuando estamos débiles no sabemos cómo orar y el Espíritu Santo nos ayuda a no quejarnos, es por eso que el Espíritu mismo intercede por nosotros con gemidos indecibles por lo que Él escudriña nuestro corazón, conforme a la mente de Dios.

De tal manera que podemos decir que al gemir, la misma mente y palabras de Dios son puestas en nuestra vida por medio del Espíritu de Dios, para que cuando nuestro espíritu esté pidiendo sea conforme a la mente y palabras de Dios; así cuando nosotros pidamos algo, sea Él quien lo haga por nosotros; esto sucede para que no caigamos en el error de estarnos quejando por lo que nos está sucediendo y que no le busquemos despropósitos a lo que vivimos, porque podríamos llegar a pensar que estamos viviendo en medio de un juicio de parte de Dios. Por eso es que seguidamente de la cita de Romanos 8:27 encontramos lo siguiente:

Romanos 8:28 (LBA) Y sabemos que para los que aman a Dios, todas las cosas cooperan para bien, esto es, para los que son llamados conforme a su propósito.

Lo que podemos comprender entonces es que para no caer en el juego del diablo y estarnos quejando delante de Dios en lugar de gemir, es necesario que podamos discernir las diferentes situaciones que llegan a nuestra vida para que cuando llegue el espíritu de Astenia, podamos sujetarnos al Espíritu de Dios y antes de empezar a quejarnos, elevemos un verdadero gemir delante del trono de la gracia de Dios.

Por eso es que cuando logramos descubrir la llave que nos abre la puerta para librarnos de la debilidad, dejamos de quejarnos por cualquier situación y comprendemos el propósito de las cosas difíciles que podamos estar experimentando; en lugar de un quejido, surge la interrogante: ¿qué es lo que Dios nos está enseñando con lo que estamos viviendo?, de tal manera que podemos analizar las circunstancias que llegan a nuestra vida y buscar con más detenimiento dónde está el propósito por el cual Dios ha permitido aquella situación.

El espíritu de Astenia llega con el propósito de debilitar a determinada persona y que esta comience a quejarse para que no tenga la ayuda del Espíritu de Dios y como consecuencia su gemido no sea conforme a la mente de Dios.

Por eso es muy importante que no perdamos la intimidad con el Espíritu Santo, porque Él fue enviado para que aun en medio de nuestras debilidades nos enseñe a glorificar al Señor Jesucristo, no debemos permitir que esa intimidad mengue, más aun cuando estamos en medio de situaciones difíciles, porque si pretendemos caminar solos y batallar por nuestras propias fuerzas, lo único que lograremos será servirle la comida fácilmente al enemigo para este que nos devore y que entonces nosotros terminemos quejándonos delante de Dios por todo lo que nos pueda estar aconteciendo.

A continuación veremos algunos pasajes bíblicos que nos muestran personajes que llegaron a caer en el error de quejarse en medio de la adversidad, producto de la debilidad:

Números 11:1 (LBA) Y el pueblo comenzó a quejarse en la adversidad a oídos del SEÑOR; y cuando el SEÑOR lo oyó, se encendió su ira, y el fuego del SEÑOR ardió entre ellos y consumió un extremo del campamento.

A Dios no le agrada estar escuchando quejas, por eso nos ha enviado a Su Santo Espíritu para que aprendamos a gemir.

Dios había hecho promesas al pueblo de Israel, sin embargo, en cuanto llegó la primera prueba, el momento de la adversidad ellos dejaron de creer y comenzaron a lamentarse; eso significa entonces que cuando nos quejamos por alguna situación que Dios ha permitido que vivamos, por más difícil que nos parezca aquella prueba y seguramente no es de nuestro agrado, no debemos llegar con quejas delante de Dios; aunque Él puede comprender que no estemos de acuerdo con lo que estamos atravesando, porque a nadie le gusta atravesar por el valle de sombra de muerte, sin embargo, lo que Dios menos desea es que nosotros lleguemos con una quejas, posiblemente en algún momento pronunciemos una palabra de desagrado por aquello que vivimos, pero entre eso y llegar a quejarnos delante de Dios, existe una diferencia abismal.

Cuando llegamos delante de Dios a quejarnos por la situación que estamos viviendo, es como decirle que no estamos de acuerdo con Él, ni con Sus procesos en nuestra vida, lo cual es el resultado de no estar en intimidad con Dios y no comprender Su mente.

Santiago 5:8-9 (LBA) Sed también vosotros pacientes; fortaleced vuestros corazones, porque la venida del Señor está cerca. Hermanos, no os quejéis unos contra otros, para que no seáis juzgados; mirad, el Juez está a las puertas.

Notemos que la cita anterior hace una clara relación entre la venida de nuestro Señor Jesucristo y el quejarnos entre nosotros; dicho de otra manera, podemos decir que el hecho de estarnos quejando delante de Dios por situaciones adversas a nuestra vida, puede hacer que mengue nuestra esperanza de ser arrebatados, porque puede ser que estemos más enfocarnos en la situación que

Dios permite que vivamos en determinado momento.

Podemos decir que la persona que se está quejando constantemente delante de Dios, tiene el riesgo de quedarse a vivir la tribulación que dará inicio después del arrebatamiento, porque el Señor Jesucristo no busca una novia que viva quejándose y menospreciando en su corazón las pruebas que Dios ha permitido que lleguen a su vida; Dios busca una novia que sepa discernir los tiempos, las épocas y las diferentes situaciones que podamos vivir constantemente.

La palabra gemir significa: sin articular palabra, la cual el Diccionario Strong la identifica de la siguiente manera:

G4726 /στεναγμός/ **stenagmós:** *suspiro*:- gemido.

Con esto podemos comprender que el gemido es el lenguaje del espíritu y el clamor es el lenguaje del alma; es por eso nuestra alma también debe de estar en un estado saludable para que pueda elevar una comunicación adecuada con Dios a través de palabras entendibles al oído humano.

Sin embargo, cuando vemos el gemir a través del espíritu podemos ver que es todo lo contrario porque no hay palabras entendibles sino solo dichos indecibles, es como un sonido de dolor que sale de lo más profundo de la persona que ni los demonios pueden entender; son expresiones que solamente Dios puede comprender porque es un lenguaje que Él ha puesto en nuestra vida para que no haya enemigo que estorbe esa comunicación con Dios.

Es interesante ver cómo Dios trabaja en nuestra vida, porque cuando llega un dolor a nuestra alma y nosotros logramos asimilarlo, ese dolor hace que nuestro espíritu empiece a gemir delante de Dios. Podemos ver que el gemido es tan importante que hasta Jesús gimió:

Juan 11:33 (VNM) Jesús, pues, cuando la vio llorando, y a los judíos que vinieron con ella llorando, gimió en el espíritu y se perturbó...

El lenguaje del gemido que Dios pone en nuestra vida es tan complejo, que aun los escritores para poder describirlo han comparado esta forma de comunicación como el sonido que produce un caballo agotado; sin embargo, no es una debilidad que llega a nuestra vida para que nos presentemos delante de Dios con quejas, sino para que usemos el lenguaje del mundo de los espíritus que están con Dios, y aunque hayan espíritus negativos ni ellos logren comprender el significado de los gemidos surge de nuestro espíritu, porque es una comunicación divina que Dios se reservó para que fuera activada por Su pueblo.

De tal manera que ni Satanás sabía al respecto de este equipamiento, ciertamente muchos conoció misterios, pero no logra comprender el gemir, porque es algo que ha sido activado directamente por el Espíritu Santo a nuestro espíritu. Por eso antes de entrar en un estado de queja, es necesario que lleguemos delante de Dios y que le pidamos que nos enseñe a gemir como conviene, para que no haya interferencia en ese tipo de comunicación. Estamos viviendo el final de los tiempos y como consecuencia es el clamor y el gemir de la última hora sobre la tierra.

Entendiendo El Gemir

En el siguiente texto veremos a un rey llamado Ezequías como representante de las dos clases de personas, las que gimen y las que se quejan:

Isaías 38:14 (LBA) Como golondrina, como grulla, así me quejo, gimo como una paloma; mis ojos miran ansiosamente a las alturas. Oh Señor, estoy oprimido, sé tú mi ayudador.

Como hemos visto en el desarrollo del presente estudio, podemos quejarnos o gemir como una paloma; considerando que podemos tomar la figura del Espíritu Santo en la paloma.

Isaías 38:15-17 (LBA) ¿Qué diré? Pues El me ha hablado y El mismo lo ha hecho. Andaré errante todos mis años a causa de la amargura de mi alma. Oh Señor, por estas cosas viven los hombres, y en todas ellas está la vida de mi espíritu. Restabléceme la salud y haz que viva. He aquí, por mi bienestar tuve gran amargura; eres tú quien ha guardado mi alma del abismo de la nada, porque echaste tras tus espaldas todos mis pecados.

Notemos el proceso por el cual había pasado este personaje porque después de su debilidad, se enfermó, eso hizo que empezara un proceso de queja lo cual lo llevó a que se amargara; por eso debemos cuidar nuestra vida en no caer en el error de estarnos quejando porque eso nos puede llevar a que caigamos en estados depresivos y de amargura; por eso es que Dios dejó la vía del gemido con el propósito que no haya cabida a la amargura en ningún momento.

Por eso es importante que cuidemos nuestra relación con el Espíritu Santo de Dios; si hemos contristado al Espíritu, es necesario que lleguemos delante de Dios para pedir perdón porque en cualquier momento necesitaremos del gemir y para eso necesitamos de la guianza del Santo Espíritu de Dios.

Si nosotros dejamos que sea el alma quien conduzca la comunicación con Dios, lo único que llegará delante de Su trono serán quejas y con eso, como ya vimos, desagradaremos el corazón de Dios, peor aún, podría ser que haya personas que han conocido secretos de Dios, que hayan conocido asuntos maravillosos de Dios porque Él se los permitió conocer, sin embargo cuando llega la queja delante de Su presencia, hace que entonces toda la revelación que aquella persona haya tenido, empiece a menguar de lo que había sido su verdadera personalidad.

Job 7:13-15 (LBA) Si digo: "Mi cama me consolará, mi lecho atenuará mi queja", entonces tú me asustas con sueños y me aterrorizas con visiones; mi alma, pues, escoge la asfixia, la muerte, en lugar de mis dolores.

Necesitamos poner mucha atención a todo esto, por cuanto si vemos en la cita anterior, Job, aquel hombre que Dios había considerado intachable, recto y temeroso de Él; llega el momento en el que enfrenta la prueba y da lugar a la queja, ¿será que nosotros no tenemos el mismo riesgo de quejarnos en medio de la prueba?

Job 10:1 (DHH) ¡Ya estoy cansado de vivir! Voy a desahogarme con mis quejas, voy a dar rienda suelta a mi amargura.

Notemos claramente que la queja está íntimamente ligada con la amargura, quita el sueño o hace entrar en pesadillas, el que mucho se queja automáticamente está invitando al espíritu de muerte a su vida.

Job 23:2 (BLA) Hoy aún es rebelde mi queja, no puede mi mano acallarla en mi boca.

Job 23:2 (BMN) Siempre mi queja es una rebelión; su mano pesa sobre mis suspiros.

Con todo esto lo que podemos ver es que aquellos que siempre están quejándose, tienen una marca de debilidad que se convierte en un círculo vicioso porque la queja los vuelve más vulnerables a la debilidad para que su queja continúe, pero los que gemimos, recibimos una marca de parte de Dios para preservarnos, de tal manera que los que gemimos llegaremos hasta el final en victoria, aunque a los ojos naturales haya batalla y no parezca que estemos alcanzando la victoria, a los ojos de Dios estaremos haciendo lo correcto si verdaderamente estamos gimiendo como conviene.

Números 14:27 (LBA) ¿Hasta cuándo tendré que sobrellevar a esta congregación malvada que murmura contra mí? He oído las quejas de los hijos de Israel, que murmuran contra mí.

¿Qué Es La Queja?

- **La queja es un hábito común en las personas amargadas y pesimistas.**

La queja, no resuelve nada, porque es inoperante, no aporta soluciones, es el recurso de los amargados que no se atreven a cambiar lo que no les agrada, ni aceptar lo que no pueden cambiar ni a las personas como son.

Los chismes y las críticas también son quejas sobre los defectos que tienen los demás y el problema es que no llegan a ser conscientes, son formas de comportamiento habitual, un modo de ser que se complacen en ser juez implacable de los demás.

- **Quejarse es** concentrar la atención en lo malo, lo que no se desea, que con la queja se refuerza y expande.

- **La queja** es la intención inútil de liberarse del sufrimiento y sólo si somos conscientes cuando nos quejamos, podemos eliminar por completo de nuestros pensamientos la negatividad de la queja.

- **Cuando una persona se queja** de su salud convence no solamente a su interlocutor sino a cada una de sus células, de que está realmente enfermo.

La queja es contagiosa y predispone a los demás a quejarse; tiende a expandirse como reguero de pólvora, se enquista en todo campo propicio y se convierte en una forma de ser general quejosa.

Nosotros necesitamos ser libres de las quejas y llegar delante de Dios para que podamos pedir como conviene; por eso es que el Espíritu Santo, en el clamor de la última hora, nos está haciendo una invitación para tener una mejor intimidad con El, por cuanto estamos viviendo el final de los tiempos, las pruebas llegarán más fuertemente a nuestra vida y el único que las puede hacer retroceder es Dios viendo en nosotros un verdadero gemir y no escuchando quejas; eso hará que el espíritu de debilidad se mantenga al margen de nuestra vida y que estemos constantemente de victoria en victoria, pero para estar en esa condición, es porque llegarán batallas que debemos librar bajo la estrategia de guerra de nuestro Dios.

Dios desea auxiliarnos, Él quiere escuchar el gemir de Su pueblo porque esto va íntimamente relacionado con batalla espiritual, pero para que salgamos a la batalla con las armas que conviene batallar, primero debemos separar lo vil de nuestra alma y que como consecuencia estemos saludables y que el clamor nos lleve a una batalla espiritual con armas espirituales, porque el alma no puede ser espiritual si no ha separado aquello que el enemigo ha puesto para estorbar, para engañarnos desde antes que podamos salir a la batalla.

Pero si logramos separa lo vil de lo santo, podremos salir a batallar, sabiendo que hemos llevado el proceso de haber pasado por el clamor y como consecuencia somos trasladados a una dimensión de gemir lo cual es hablar con dichos indecibles, los cuales ninguna potestad podrá comprender lo que el lenguaje del espíritu está diciendo sin embargo Dios está atento a nuestro gemir para responder a favor nuestro.

La Solución

No existe otra solución para ser libres de las quejas, producto de la debilidad y consecuencia de no tener relación con el Espíritu Santo; que el hecho de llegar delante de la presencia gloriosa de Dios para clamar y gemir desde lo más profundo de nuestro ser, volviéndonos a la vida del espíritu y renunciemos a la quejas para que seamos como esa paloma que describe el libro del Cantar de los Cantares:

Cantares 2:14 (LBA) Paloma mía, en las grietas de la peña, en lo secreto de la senda escarpada, déjame ver tu semblante, déjame oír tu voz; porque tu voz es dulce, y precioso tu semblante.

Esta paloma que describe el libro del Cantar de los Cantares, es la Iglesia del Señor Jesucristo, la que se casará con Él, es la paloma hablándole al palomo hablándole en el lenguaje de los palomos reducido al lenguaje del espíritu. Si logramos aprender a gemir, podríamos detener cualquier mal que vaya hacia nuestra tierra, podríamos detener el mal que se haya levantado en contra de los nuestros pero también podemos llegar delante de Dios para gemirle y que no caigamos ante ninguna tentación del enemigo, sino que podamos permanecer siempre victoriosos por la misericordia de Dios hasta el día en el que hemos de verle tal y como Él es.

El Secreto de La Intercesión

Capítulo 8

Siguiendo la secuencia de los temas anteriores, a continuación desarrollaremos lo que hemos titulado como El Secreto de la Intercesión por cuanto hemos sentido la confirmación de Dios a este respecto, adicionalmente a que hemos visto algunos versículos en la Biblia que nos hablan de esto y las combinaciones que nos habla de esto, con las cuales podemos comunicarnos con Dios, por ejemplo: vemos versículos en la Biblia donde nos encontramos que inicia hablando de la oración, luego del clamor, después del gemir hasta llegar a la intercesión, lo cual nos deja ver que a manera que vamos creciendo en nuestra vida devocional en comunión con Dios, practicamos en algún momento, una de estas formas de comunicarnos con Dios, podríamos decir que de manera legal; quizá sin que logremos notarlo, a veces estamos orando o en otras oportunidades intercediendo pero sin que hayamos estado totalmente consientes que lo hemos estado haciendo, sucede de esta manera porque Dios ha permitido que se abra la puerta y que podamos entrar y que vivamos esa experiencia por cuanto somos Sus hijos.

Pero también llega el momento en el que logramos una explicación de lo que sucede en el ámbito espiritual cuando estamos aplicando uno de estos secretos; es entonces cuando a partir de ese momento oramos con entendimiento y activamos el principio que encierra cada uno de estos secretos, eso nos lleva a que sea más fácil poder alcanzar los beneficios que cada principio aquí podemos encontrar, por ejemplo: cuando estudiamos el secreto del clamor, dijimos que eso nos conectaría con un momento de guerra espiritual, por consiguiente es necesario que examinemos nuestra alma para no estar operando en un fluir espiritual, en una batalla espiritual con armas carnales cuando debíamos hacerlo pero con armas espirituales, porque cuando entramos a la atmosfera espiritual con actitudes carnales, eso nos produce desventaja.

También explicamos respecto al gemido, esto es un momento sobrenatural por cuanto la Biblia misma dice que nosotros no sabemos pedir como conviene, sino que es el Espíritu Santo quien nos ayuda a que pidamos como conviene, con gemidos o dichos indecibles; esto nos ayuda en nuestra debilidad porque cuando una debilidad crece en la vida de una persona y esa persona no tiene intimidad con el Espíritu, no puede gemir, como consecuencia su debilidad no está siendo auxiliada, eso hace que la persona no cese de estarse quejando, esto a su vez la lleva a que la debilidad se incremente o se fortalezca porque la debilidad es un espíritu que llega a enfermar a cualquier persona si no tiene intimidad con el Espíritu Santo.

De tal manera que hemos visto qué causas que nos puede traer la falta de comunión con el Espíritu Santo, pero también los beneficios que podemos encontrar en las herramientas que Él nos provee como lo son la oración, el clamor, el gemir y ahora veremos entonces el secreto de la intercesión, sus beneficios y lo que nos puede causar si perdemos la comunión con el Espíritu Santo.

Cuando hablamos de secretos, debemos recordar que el libro de Deuteronomio dice claramente que las cosas secretas pertenecen a Dios, pero las reveladas son para nosotros y nuestros hijos; pero ¿qué es un secreto?, refiriéndonos a Dios podemos decir es algo que le pertenece a Él, pero en determinado momento Dios lo decodifica para que nosotros podamos alcanzarlo y quede entonces en calidad de misterio, lo cual tampoco es algo que sea inconcluso o difícil de comprender, sino que un misterio es un secreto sagrado que ha sido revelado, por eso encontramos en la siguiente cita, lo que Jesús dijo a Sus discípulos:

Mateo 13:10-12 (LBA) Y acercándose los discípulos, le dijeron: ¿Por qué les hablas en parábolas? Y respondiendo El, les dijo: Porque a vosotros se os ha concedido conocer los misterios del reino de los cielos, pero a ellos no se les ha concedido. Porque a cualquiera que tiene, se le dará más, y tendrá en abundancia; pero a cualquiera que no tiene, aun lo que tiene se le quitará.

Lo que para el mundo es un secreto de Dios; en su momento para nosotros es un misterio que podemos activar para que el principio que contiene cada secreto, pueda ser activado y aprovechado por todo Su pueblo, siendo otra de ellos la intercesión, el cual es necesario que aprendamos porque la intercesión es diferente al clamor, al gemir y a la oración.

Los Intercesores De Dios

Empezaremos diciendo entonces que Dios siempre ha utilizado intercesores, vemos que la Biblia tiene como intercesores a los patriarcas de aquel entonces, veamos algunos ejemplos:

1) **Los patriarcas intercesores de su familia.**

2) **Los jueces intercesores de las 12 tribus.**

3) **Los reyes intercesores del pueblo que gobernaban.**

4) **Los profetas intercesores de los reyes, del pueblo y de la nación.**

5) **Cristo único intercesor que derramó Su sangre por los salvos.**

6) **La Iglesia y/o creyentes intercesores de las familias, pueblos, gobernantes, etc.**

Ahora la intercesión de la iglesia abarca todas las razones por la cual antes se realizaba la intercesión, es por eso que debemos ceñir los lomos de nuestro entendimiento y que sepamos que Dios desea equiparnos adecuadamente para el buen funcionamiento de lo que hemos sido llamados a realizar en la obra de Dios y como consecuencia podamos entrar con entendimiento a la escena del ejercicio de actos espirituales que Dios nos ha dado como herramientas para tener victoria en el lugar donde Él nos tiene trabajando en Su obra.

La intercesión es una de las más grandes formas en que podemos comunicarnos con Dios y para adentrarnos propiamente en el desarrollo de este estudio, veremos el siguiente versículo:

Jeremías 7:16 (LBA) En cuanto a ti, no ruegues por este pueblo, ni levantes por ellos clamor ni oración, ni intercedas ante mí, porque no te oiré.

Este versículo encierra los puntos que hemos estado estudiando, pero es asombroso ver que Dios puede escuchar a Su pueblo cuando estamos caminando agradándolo, porque de otra forma cómo iba respóndele Dios al Profeta si él no hubiera estado haciendo las cosas que debía hacer; no obstante que Dios no accedió a la petición de Su siervo, pero eso otro asunto porque Israel estaba haciendo las cosas que no le convenían, no obstante que el Profeta les hablaba por boca de Dios; pero el punto entonces es que Dios nos puede escuchar cuando le rogamos, cuando le clamamos, cuando entramos en el ambiente del lenguaje que Dios desea escuchar de nosotros, para lo cual veremos una reseña de lo que vimos en los capítulos anteriores:

Los Cuatro Niveles De La Comunicación Divina

1) **La oración**: articulas palabras con entendimiento. Por eso fue que Jesús enseño a orar, no para tomar el mismo patrón y repetirlo todos los días, sino que sirviera como ejemplo y tomáramos la esencia de la

oración para que añadiéramos lo que debe contener nuestra oración.

2) **El Clamor:** insistir pidiendo una cosa, acompañado con diferente sentimientos, puede ser llorando, gritando, suspirando, clamando, etc.

3) **El Gemido:** Es orar en el espíritu, ayudado por el Espíritu Santo. Es un sonar con dichos indeciblemente por cuanto no tiene palabras que nosotros en calidad de humanos, podamos comprender plenamente.

4) **La intercesión:** Es pedir por otros aunque tú tengas una necesidad presente, eso es un intercesor. Cuando pedimos, podemos hacerlo por nosotros o para otros, igualmente el clamor y el gemir; pero la intercesión deja de ser en ambas vías, la intercesión es específicamente por otros pero para poder llegar a ese punto, es necesario que nos neguemos a nosotros mismos, dejamos de pensar en nuestras necesidades y nos enfocamos en pedir por las necesidades de otros, aunque nosotros podamos estar atravesando serios problemas, si nosotros somos siervos intercesores, debemos comprender que debemos elevar la petición

de los demás hasta el trono de la gracia de Dios.

Interesantemente para poder ser un intercesor, es necesario ser hijo, por eso fue que Jesús vino como el intercesor, un intercesor es necesario que sea nacido en la casa que intercedan ante el Padre por la bendición del pueblo.

El Secreto De La Intercesión

El secreto de la intercesión significa que conozcamos lo que va íntimamente relacionado o implícito en la intercesión y para eso es necesario conocer algunos puntos como los siguientes:

1) Que mentalidad debe tener.
2) Qué debe esperar.
3) Cuál debe ser su actitud.
4) Cuál debe ser su esperanza.
5) Cuál debe ser su fe.
6) Qué es lo que el intercesor debe esperar en el tiempo de debe entrar.

El secreto de la intercesión que Dios nos está revelando, lleva 3 tiempos donde van a entrar en escena otras cosas que son necesarias para que nosotros podamos ver un día el resultado de la intercesión que hemos iniciado, veamos entonces cuáles son estos 3 tiempos:

1) La intercesión.
2) La intercepción.
3) La intervención.

Como podemos ver, empezamos con la intercesión pero terminamos con la intervención, pasando en medio de ellas por la intercepción; aunque puedan parecerse estos términos, no son lo mismo sino que son secretos de principios legales que Dios nos ha entregado para que nosotros comuniquemos legalmente las palabras, ante el Rey de la gloria, con la seguridad que Su oído está inclinado para escuchar nuestra intercesión pero Su mano, Su poder y Su corazón activará cuando entre en escena la faceta de la intervención de parte nuestra. Para poder tener una mejor comprensión de algunas cosas que debemos resaltar del versículo del Profeta Jeremías, lo describiremos nuevamente:

Jeremías 7:16 (LBA) En cuanto a ti, no **ruegues** por este pueblo, ni levantes por ellos **clamor** ni **oración**, ni **intercedas** ante mí, porque no te oiré.

Ahora lo que veremos, son los significados de los términos que subrayamos y sus diferentes significados en el idioma hebreo:

1) **Ruegos #6419 /*palal*/** Significa interponerse, intervenir, mediar. Cuando rogamos a Dios, no es precisamente lo que en la cultura Latinoamérica muchas veces expresamos para pedir algo, sino que es algo que tiene lugar por un hijo de Dios cuando ya está fluyendo en la comunicación divina con Dios.

2) **Clamor #7440 /*rinnah*/** Desde esta referencia significa, "llorar". En su momento dijimos que clamor, va acompañado con angustia.

3) **Oración #8605 /*tephillah*/** Con esto debemos saber que existen diferentes tipos de oración, por lo que diríamos que entre ellas podemos mencionar 7, pero una de las formas más comunes es la que estamos describiendo con este término.

4) **Intercesión #6293 /*paga*/** Significa encontrarse, reunirse, hacer intercesión.

De acuerdo a los significados encontramos en el idioma hebreo, podemos preguntarnos: ¿encontrarnos con quién?, porque cuando un intercesor está intercediendo, debe tener la convicción en su corazón, mente y todo su ser que se encontrará o reunirá con el Rey de la gloria para que al estar en Su presencia podamos preguntarle cómo hacer lo que debemos hacer y seguramente Él nos entregará la estrategia de cómo hacerlo porque es la reunión de un guerrero intercesor que se está reuniendo con el comandante general de los cielos, Jehová de los ejércitos que nos explicará cómo continuar con el secreto de la intercesión. Un intercesor es un hombre o mujer que tiene un encuentro con Dios para hablar de determinado asunto pero no de los propios, sino para hablar de las necesidades de otros Lo que comienza con la **intercesión** activara lo sobre natural que **intercepta** las cosas contrarias que se nos han opuesto hasta que llega la **intervención** de Dios.

El que está intercediendo, logra que llegue alguien o algo de parte de Dios y llegue para interceptar lo que se está oponiendo a los necesitados de nuestra intercesión, con el propósito que apoye nuestra labor mientras llega Jehová de los ejércitos para concluir el trabajo por el cual se está intercediendo, por eso es necesario que haya intervención, intercepción y finalmente intervención, de otra manera lo único que estaríamos logrando es reunirnos con otros cristianos para elevar nuestra voz pero sin tener propósitos definidos. Pero entonces, los 3 puntos que ya mencionamos, podemos verlos desde el punto de vista tecnológico de la siguiente forma:

La Tecnología De Tres Facetas De La Intercesión

1. **La intercesión profética:** La realiza un hombre o mujer.

2. **La intercepción:** Es la fuerza que bloquea a lo que se resiste o está estorbando nuestra vida. La intercepción es un bloqueador en contra del mal contra alguien, bloquea el poder del enemigo, entiéndase con esto, la energía que quizá un brujo pueda estar lanzando por medio de una maldición o un hechizo, las palabras negativas que están siendo declaradas hacia una persona, es entonces cuando llega el intercesor delante de la presente de Dios y El que es grande en misericordia inicia Su estrategia a través de un bloqueo mientras llega la intervención divina directamente de Dios para desarraigar totalmente la maldición y convertirla en bendición de Dios, sin embargo es necesario que pase por los 3 puntos.

    – Activa a un interceptor del mundo espiritual.

3. **La intervención:** Es la participación de Dios y de sus huestes que responde para finalizar un asunto. Finalmente podemos decir que este es el secreto de la intercesión.
   – Esto debe de ser nuestra visión y mentalidad mientras se está intercediendo.

De este último punto veamos un ejemplo: Daniel, era un intercesor de su pueblo, pero hubo oposición de parte del reino de las tinieblas a través del príncipe de Persia para que Daniel no recibiera la respuesta; es entonces cuando Dios envía la ayuda para Daniel, porque antes que finalice un asunto Dios considera Su estrategia debido a que el reino de las tinieblas opera igualmente a través de sus potestades de bloqueo para que muchas veces nosotros no recibamos la respuesta a nuestras oraciones porque las tinieblas han bloqueado la ayuda que Dios ha enviado debido a que el enemigo copia las estrategias de Dios.

Ahora bien, el problema de la efectividad del reino de las tinieblas contra el pueblo de Dios, es porque el pueblo de Dios llegamos a ignorar estos principios eso hace que el diablo tome ventaja sobre la falta de conocimiento que nosotros podamos tener; por esa razón es que en el final de los tiempos, la época de más peligro, Dios está equipando a Su Iglesia a través de los 5 ministerios, con Su conocimiento y sabiduría para poder ser efectivos en situaciones de carácter espiritual.

Vemos en la Biblia que Daniel le ora a Dios por 21 días lo cual provoca la intervención divina:

Daniel 10:12-13 (LBA) Entonces me dijo: No temas, Daniel, porque desde el primer día en que te propusiste en tu corazón entender y humillarte delante de tu Dios, fueron oídas tus palabras, y a causa de tus palabras he venido. Mas el príncipe del reino de Persia se me opuso por veintiún días, pero he aquí, Miguel, uno de los primeros príncipes, vino en mi ayuda, ya que yo había sido dejado allí con los reyes de Persia.

El ángel Gabriel había sido enviado con la ayuda de la intercepción, sin embargo se encontró con la oposición del príncipe de Persia para que Daniel no recibiera la ayuda; pero el principal punto que debemos resaltar en esto es que Dios envía entonces 2 entidades o cabezas de estructuras muy poderosas, a favor del hombre que está intercediendo, esas cabezas o entidades principales son: Gabriel y Miguel.

Gabriel siendo la cabeza de la comunicación de la revelación de los sueños, de los mensajes específicos para naciones o individuos; Miguel siendo el encargado militar del reino de Dios, uno llego a decir: **así dice Dios** y el otro dijo: **Así hace Dios**; ambos fueron movidos de parte de Dios por la intercesión de un hombre que estaba aplicando los principios legales para presentarse delante de Jehová de los ejércitos para presentarle una necesidad del pueblo al que pertenecía Daniel; eso mismo puede ser aplicado por nosotros delante de Dios, tanto las ovejas como los ministros, pero también nos puede convertir en ambidiestros porque por un lado tenemos el brazo armado de Dios y por el otro lado tenemos el conocimiento, la información y entendimiento de Dios.

Por eso es que no debemos menguar nuestra intercesión delante de Dios porque El enviará Su intercepción para que la fuerza del ataque mengue y por último veremos Su intervención donde Dios transformará toda maldición en bendición de parte Suya entonces sentiremos la presencia de Dios, podremos experimentar la manifestación de entidades que pertenecen a otra extirpe que proyectan un sentir se santidad con respaldo de gloria y poder a nuestro favor porque cuando Dios llega, se presenta con un protocolo completo rodeado de Su ejército para crear una atmosfera donde sea posible retener la gloriosa presencia de nuestro Señor Jesucristo porque Él no se presenta si antes no se ha creado una atmosfera de gloria por eso es necesario que empecemos nosotros haciendo la parte que nos corresponde, los ángeles hacen lo que les corresponde y por último llega la gloriosa presencia de nuestro Dios.

Por eso es necesario que le demos la gloria a Dios en todo momento sabiendo que hemos sido llenos de Su gloria, porque por nosotros mismos no lo podemos hacer, tenemos que ser llenos de Su gloria para poderle dar gloria pero para eso también es necesario que tengamos un receptor donde Dios quiera manifestar Su presencia.

Ejemplos De Intercesores

La mentalidad de los hombres de la antigüedad nos hacen ver la clase de intercesores que existió, por ejemplo:

Números 21:7 (LBA) Entonces el pueblo vino a Moisés y dijo: Hemos pecado, porque hemos hablado contra el SEÑOR y contra ti; intercede con el SEÑOR para que quite las serpientes de entre nosotros. Y Moisés intercedió por el pueblo.

Notemos que el pueblo conocía el poder que podían encontrar en Moisés en calidad de intercesor, ellos sabían que acercamiento podía tener un intercesor por eso le pidieron que intercediera por ellos.

Números 21:8-9 (LBA) Y el SEÑOR dijo a Moisés: Hazte una serpiente abrasadora y ponla sobre un asta; y acontecerá que cuando todo el que sea mordido la mire, vivirá. Y Moisés hizo una serpiente de bronce y la puso sobre el asta; y sucedía que cuando una serpiente mordía a alguno, y éste miraba a la serpiente de bronce, vivía.

Moisés era el intercesor, la serpiente abrazadora fungía en la actividad de intercepción porque neutralizaba el veneno y por último la intervención divina de Dios porque daba la vida para que no murieran.

El Secreto De La Intercesión

Las Definiciones del Ciclo de la Intercesión

El "In" de la intercesión significa llevar dentro de Dios, una petición de una persona o situación antes de que el enemigo tenga la oportunidad de llevarlos fuera y causar daños. Si pudiéramos hacer más gráfico el ejemplo, podríamos elevar nuestra mano y conducirla hasta la presencia de Dios, con lo cual estamos pasando por alto, cualquier obstáculo que podamos encontrar en el camino hasta que finalmente llegamos delante de la presencia de Dios.

Otro ejemplo podríamos citarlo con el oficio del sacerdote en el Tabernáculo de Moisés, porque empezaba con el protocolo que debía cumplir en el Atrio para poder pasar al Lugar Santo, luego hacía lo que debía hacer en el Lugar Santo para poder continuar y finalmente llegar hasta el Lugar Santísimo, pero no se detenía sino que cumplía con lo que debía hacer para llegar a su principal objetivo el cual era el Lugar Santísimo. Lo mismo es la intercesión, porque un intercesor cumple con los protocolos que deba cumplir en el camino, con tal de poder alcanzar estar en la presencia de Dios presentando la vida o situación que debe llevar por otros.

Por eso es que la intercesión avanza y rompe capaz o cortinas para que pueda llegar finalmente hasta la cortina que divide el Lugar Santo con el Lugar Santísimo como lo hizo nuestro intercesor ante el Padre, nuestro Señor Jesucristo rompió la cortina cuando murió en la cruz del calvario y entonces llegó ante el Padre para interceder por nosotros.

Otro punto que debemos saber es que la intercesión va rompiendo una especie de capaz o cortinas, pero lo logra solamente, a la medida de la profundidad de la intercesión.

Veamos las diferentes cortinas a las que nos referimos que un intercesor debe tras pasar:

1. **Las cortinas de las atmosferas** las cuales pueden ser variables, razón por la cual es que a veces peleamos con demonios o con espíritus inmundos diferentes cada vez, pero una vez que son rotas, entonces pasamos a la siguiente cortina.

2. **Las cortinas de los climas,** esto es diferente a las atmosferas, por los climas son permanentes, situaciones que permanecen inamovibles hasta que son rotas por la unción del Espíritu Santo depositada en un intercesor.

3. **Las cortinas de las fortalezas,** esto es lo mismo a pensamientos, ideologías, doctrinas de error que igualmente deben ser rotas.

4. **Las cortinas de culturas** lo cual es igual a las costumbres que muchas veces debemos enfrentar pero que igualmente deben ser rotas en el nombre de Jesús.

5. **Las cortinas de los sistemas,** con esto debemos saber que donde existen sistemas, también existen estructuras y funciones que es necesario sean rotas.

6. **Las cortinas de las dimensiones** cuando llegamos a las dimensiones; estamos prontos a llegar a la presencia de Dios; cuando llegamos a la dimensión de Dios con la intercesión, podemos decir que todo es posible.

La dimensión: La dimensión es un mundo de esferas que existe con niveles y estados que al final del proceso termina en misterios que revelan cosas encubiertas que dan el verdadero entendimiento, ¿por qué?, porque Dios está en una dimensión donde todo es posible porque estamos delante de Su presencia.

Por eso es que cuando vamos a interceder, debemos saber que parte del proceso que Dios permite es que después llegue la intercepción antes que Él llegue con su intervención, pero antes de todo eso, debemos pasar rompiendo cortinas hasta llegar a romper con la cortina de la dimensión, es entonces cuando pasamos de un mundo material a un mundo espiritual, podemos pasar de lo invisible a lo visible, pasamos de lo imposible a lo posible es entonces cuando alcanzamos a comprender cosas que a otros le son encubiertas.

La **intercesión** es el nivel preferido en el reino de Dios por fue el papel que desempeño Su Hijo por nosotros; aunque El pasó por todas los niveles: orar, clamar, gemir e interceder; de ahí entonces el respaldo que Dios le brinda a los intercesores, por cuanto ahora son figura de lo que hizo nuestro Señor al llegar a la presencia del Padre para presentar nuestros pecados y que fuéramos salvos; porque los intercesores representan en lo micro, lo macro que hizo nuestro Señor Jesucristo ante el Padre. Si habláramos en términos modernos diríamos que es la tecnología que brinda la respuesta y así no quejarnos de un problema; podemos decir también que es la única forma de **guerra** espiritual que garantiza la victoria sin derramamiento de sangre o pérdida por parte de la persona que está intercediendo. Recordemos que solo Cristo fue el único intercesor que se le demando derramara su sangre; a ningún otro intercesor se le requiere que derrame su sangre como paga por nosotros; Jesús ya lo hizo por nosotros, a nosotros lo único que nos corresponde es añadirle fe a la intercesión y como consecuencia veremos la mano de Dios a favor de nuestras suplicas.

Comprendiendo El Secreto

De La Intercesión

1. Una de las primeras cosas que debemos entender como intercesores, es que la intercesión es para que Dios se involucre en nuestra esfera.

2. Lo siguiente que un intercesor debe de entender es que deberá entrar en otro nivel de fe.
   - El primer nivel de fe es la fe salvadora.
   - El siguiente nivel es la fe es la que nos lleva a creer que nos hemos acercado a Dios, que el existe y está en nuestra esfera.

La Intercepción

- El "IN" de la intercepción es penetrar la fuerza enemiga para bloquearla.

- Es como la participación de una fuerza enemiga en un intento de obstaculizar o impedir que se lleven a cabo una misión, es fuerza contra fuerza, lo que nos quiere bloquear debemos bloquearlo nosotros; debemos ponerle obstáculo al obstáculo; lo que nos quiere hacer retroceder, nosotros debemos hacerlo retroceder.

- Es bloquear al enemigo, cercarlo con la participación de fuerzas espirituales de parte de Dios mientras llega la intervención definitiva de Dios, es decir la fuerza sobrenatural de la intercesión que bloquea el avance del enemigo.

Vemos en el Salmo 22 que David escribe respecto al momento que está sufriendo a futuro, en un éxtasis quizá, al calvario de nuestro Señor Jesucristo y dice:

Salmos 22:12 (RVR1960) Me han rodeado muchos toros; Fuertes toros de Basán me han cercado.

Salmos 22:16 (LBA) Porque perros me han rodeado; me ha cercado cuadrilla de malhechores; me horadaron las manos y los pies.

Pero físicamente en aquel entonces cuando Jesús estaba crucificado en la cruz del calvario, no había toros que se pudieran ver a Su alrededor porque todo estaba moviéndose en un mundo espiritual; lo que sí había eran malhechores; pero a los toros, leones y perros que cercan, es a los que deben cercar; por eso vemos que el Profeta Eliseo tiene una experiencia en la que se ve rodeado de enemigos, pero Dios le hace ver que son más los que están a su favor que los que están en contra; dicho en otras palabras, aquellos que lo estaban cercando, son cercados por la intercepción de parte de Dios antes de llegar la intervención divina de parte de Dios; pero entonces el punto es que los que nos rodean son rodeados de parte de fuerzas angelicales de parte de Dios; no obstante que si ha llegado la intercepción, la intervención de parte de Dios está más cerca de lo que no podemos imaginar porque su intercepción son las fuerzas que están al frente de la batalla mientras llega la mente estratega de toda guerra, en este caso la mente más grande que jamás haya existido ni vaya existir.

Dios nos dará un tiempo para que podamos interceder a favor de otros, pero también nos dará la convicción cuando llegue la intercepción divina, previa a la intervención directamente de parte de Dios.

Intervención

La intervención es la participación divina a favor del intercesor o por lo que se está intercediendo.

El "<u>IN</u>" de la intervención es cuando Dios y/o sus huestes entran dentro de los problemas para cambiar una situación o vencen a nuestros enemigos.

Es interferir, por lo general a través de la fuerza o la amenaza de la fuerza en los asuntos de otro reino u otras partes en conflictos. Es el reino de Dios contra el reino de las tinieblas; es la manifestación de rescate que Dios realiza a favor de los creyentes, significa que Dios interviene para sacar fuera del peligro del enemigo a los creyentes necesitados, también lo podemos ver como la manifestación de la guerra de la batalla y del combate.

Lo que Dios desea escuchar es nuestra intercesión y para eso necesitamos llegar a Él para que luego Dios llegue al lugar donde estamos y ponga Su orden toda aquella batalla que podamos estar librando. Aunado a esto debemos saber que las guerras de Dios se manifiestan en 3 planos, aunque ya lo mencionamos, pero es necesario que lo señalemos a nivel global: guerra, batalla y combate.

I. Guerra = Estrategia o planes generales.
II. Batalla = Término plural que implica participación de varias fuerzas.
III. Combate = Pelea de cuerpo a cuerpo.

Apocalipsis 12:7 (LBA) Entonces hubo **guerra** en el cielo: Miguel y sus ángeles **combatieron** contra el dragón. Y el dragón y sus ángeles **lucharon** (batalla)...

Cuando Dios se levanta para la guerra, no se retira en ningún momento sino hasta que ha aniquilado a Sus enemigos por completo y toma despojos los cuales son los bienes que el hombre fuerte nos había robado: el gozo, la paz, la felicidad, la prosperidad, la salud, la fe, los bienes materiales, los dones, la unión, la visión, la pasión de buscar a Dios, el discernimiento, etc., todo lo que el enemigo tenia, es porque nos lo había robado y en el combate de cuerpo a cuerpo Dios se asegura que ninguna potestad de las tinieblas termine de poseer algo que era nuestro; es entonces cuando entramos en la ley de los despojos y tomamos lo que nos pertenece; es entonces cuando nuestra vida empieza a fluir de forma diferente porque logramos recuperar lo que el enemigo nos había robado; pero debemos saber que todo termina en bien por la intervención de Jehová de los ejércitos a favor de Su pueblo.

La Química Espiritual de La Intercesión

Capítulo 9

Es importante saber que todo tiene una razón de ser, es por eso que titulé de esta manera lo que hoy aprenderás, para así poder explicar las cosas que deben estar en el escenario de un intercesor. De manera que, para hacer esta introducción, enseñaré algunas cosas que ampliaré en la escuela de intercesores que ya está en formación gracias a Dios.

Dios ha puesto en mi corazón, formar una red global de intercesores para que juntos supliquemos a Dios y batallemos en guerra espiritual contra males de carácter espiritual por toda la Tierra, de hecho en el libro anterior que seguramente tuviste la oportunidad de leer, titulado como:
LAS PUERTAS DEL HADES NO PREVALECERÁN CONTRA MI IGLESIA, parte de lo que Jesús dijo en la primera mención de la Iglesia y partiendo de ese momento, fuiste activado como un intercesor con mente legislativa y que debes caminar en pos de ese llamado.

Pero entonces surge la interrogante: **¿por qué la química de la intercesión?**

Con esto es necesario, primero, que tengas una mente abierta a lo que Dios desea enseñarte bajo el punto de vista espiritual, aunque como lo he enseñado en otros libros, lo visible está influenciado por lo invisible o espiritual, entonces el hecho de decir que estoy enfocando la química desde el punto de vista espiritual, no debería ser motivo para causar alarma en ninguno, sino más bien, despertar el deseo de ahondar más a este respecto en la Biblia.

Quizá lo que puede ayudar a tener una comprensión más clara, es al decir que, en la unidad de 2 componentes, cosas y personas, cuando ponen todo su potencial, surge lo que se conoce como sinergia, porque en unidad de química, habrá mayor potencial, que haciéndolo por separado.

En los últimos días, Dios me ha permitido, que juntamente con un fuerte grupo de siervos de Dios, estemos intercediendo por la necesidad de otras personas que están enfrentando enfermedades, no solamente por el Coronavirus, sino por cualquier enfermedad. Quizá la mayoría de este, han estado haciéndolo con todo su corazón, pero sin tener la debida preparación, es decir, sin conocer los principios que rigen dentro de la esfera de la intercesión; sin embargo, Dios siendo infinito en misericordia, ha respondido a esa intercesión, Dios ha permitido que Su Iglesia alcance la victoria al rescatar gente que estuvo al borde de la muerte.

Puedo decir que, Dios bendice respondiendo de forma favorable a la intercesión que Su pueblo hace, por la vocación que se puede mostrar en el área de entrar al escenario espiritual y cambiar las circunstancias que prevalecen en ese momento; es como decir que sin tener la preparación la ocasión ha tenido lugar. Ahora piensa por un momento ¿cómo será con la preparación?, porque entonces será uniendo la vocación con la preparación; es lo que quiero que veas como la química de 2 elementos espirituales, eso llevará a los guerreros de Dios, a un nivel espiritual más alto, de mayor victoria en el ejercicio de lo que es la intercesión.

Debes saber que, una vez iniciada la preparación de un intercesor, por la misma vocación que tiene en su corazón, se negará al cansancio físico, para completar lo que necesite tener de parte de Dios en cuanto a otro nivel de intercesión, sabiendo que es parte de un equipamiento en pos de alcanzar una mejor estrategia espiritual. Los siervos de Dios que se adhieran a esta escuela de intercesores, serán ambidiestros porque tendrán la vocación, así como los principios que se alcanzan a comprender dentro de ese equipamiento y enseñanza, que con la ayuda del Señor Jesucristo, podrás completar.

Como parte propiamente del desarrollo de lo que conforma esta enseñanza; considero que casi todo lo que necesitamos en la vida, es consecuencia de elementos que se unen para venir y hacer una realidad de unidad compuesta. Dicho en forma inversa, puedo decir que casi no existe nada, fuera de la realidad que debe existir en la unión de elementos para que la vida sea la consecuencia de una unidad compuesta; ¿a qué me refiero con esto?, un claro ejemplo a este respecto y además, es la base de la Iglesia de Cristo, la puedes ver cuando digo que Dios es una unidad compuesta: Padre, Hijo, y Espíritu Santo; son uno solo, se manifiestan en 3 personas distintas pero no dejan de ser unidad compuesta.

TABLA PERIÓDICA DE LOS ELEMENTOS

- Estos son los elementos básicos para todo el universo, son sólo 100, aunque al día de hoy se habla de 1000 elementos básicos de química.

- Cada elemento tiene su forma pura, por ejemplo: nitrógeno puro.

- Aunque sólo el nitrógeno por sí mismo es dañino y destructivo.

- De manera que todo lo que necesitas en la vida, es cuando se une a otro elemento, así se vuelve necesario, saludable y efectivo.

- De igual manera es la oración.

La Química Entre La Oración y La Intercesión

Antes de describir la combinación de lo que debe haber en la oración, debo aclarar que no estoy diciendo que solamente existan 2 niveles de lo que es la comunicación con Dios, porque en todo caso debes saber que hay un orden, el cual no habrás visto a lo largo de este libro:

1. Oración.
2. Clamor.
3. Gemido.
4. Intercesión.
5. Apelación.

Existen 5 niveles de comunicación que debe conocer un intercesor, pero a manera de hacer la enseñanza práctica y bajo un esquema didáctico, menciono la oración y la intercesión, en el entendido que entre la oración y la intercesión existen 2 niveles más y después de la intercesión existe aún uno más. Es entonces donde veo la necesidad de combinar la oración en la siguiente forma:

1. Oración y petición.
2. Oración y humildad.
3. Oración y intención.
4. Oración y ayuno.
5. Oración y fe.

Esto no es una invención de mi persona, sino que todo tiene base bíblica de la forma en que actuaban los hombres de la fe, tanto en el Antiguo como en el Nuevo Testamento; obviamente que hubo un punto de partida de donde empecé a aprender en la Biblia, guiado por el Espíritu Santo, a través del Señor Jesucristo, para saber cuándo se inició la cultura divina de depender de la oración.

La Historia de La Oración

Una de las formas que el Señor Jesucristo dejó para que te comuniques con El, es la oración hasta el tiempo en que seas arrebatado y estés en el reino de 1000 años y así entrar a la eternidad. Hasta ese momento entonces la comunicación volverá a ser como en el principio en el huerto, cuando el hombre se comunicaba con Dios, esa comunicación y comunión que el hombre perdió, se convierte en oración.

Génesis 3:8 Y **oyeron la voz** de Jehová Dios que se paseaba en el huerto **al aire del día**: y escondióse el hombre y su mujer de la presencia de Jehová Dios entre los árboles del huerto.

1. El hombre estaba en comunicación y comunión con Dios en el huerto, nadie puede decir por cuánto tiempo sucedió esa intimidad que había con el hombre; hasta este momento no había oración, era una comunicación directa.

2. Pero el hombre desobedeció a Dios y eso hizo que se desconectara en la comunicación y comunión con Dios, se escondieron de El.

3. Paso el tiempo y es cuando entonces el hombre se reconecta con Dios por medio de Cristo; aunque en el Antiguo Testamento hubo prototipos del sacrificio y para restaurar anualmente la comunicación con Dios.

4. Una vez que el hombre deja de escuchar la voz de Dios y poderle hablar de forma directa, es cuando surge el momento de la oración.

5. A partir de aquel momento en que Jesús abre nuevamente el camino entre el Padre y la humanidad, es cuando la oración se vuelve la llave con poder divino porque toma vigencia en la primera mención de la Iglesia, la forma de comunicarse con Dios dejaría de ser religiosa para convertirse en una oración con poder legislativo.

Es decir, la oración siempre estará íntimamente vinculada a la comunicación, la cual fue antes de la caída del hombre y la oración después de aquel momento en que el hombre es engañado por Satanás en una operación diabólicamente orquestada. Pero el punto es que la diferencia entre una forma de comunicación a otra, es precisamente marcada por un acto de desobediencia.

Génesis 4:26 A Set le nació también un hijo y le puso por nombre Enós. Por ese tiempo comenzaron los hombres a **invocar el nombre del SEÑOR *(YHVH)*.**

Invocar H7121: **cará** raíz primaria clamar, pedir, **invocar**.

En este versículo puedes ver claramente el momento en que los hombres empezaron a invocar al Señor o lo que es lo mismo, empezó la oración.

1 Reyes 18:24 Invocad luego vosotros en el nombre de vuestros dioses, y yo **invocaré en el nombre de Jehová *(YHVH)***: y el Dios que respondiere por fuego, ése sea Dios. Y todo el pueblo respondió, diciendo: Bien dicho.

Invocar H7121: **cará** raíz primaria clamar, pedir, **invocar**.

Este versículo tiene la misma idea de orar cuando el Profeta Elías está enfrentando a los profetas de Baal, pero el punto es que fue entonces a partir de **Génesis 4:26** cuando se inicia la oración y siguió en lo sucesivo por los hombres de Dios en el Antiguo Testamento.

Todo esto es para que tengas la idea que la oración y/o la intercesión, no puede ser minimizada su importancia porque cuando estás teniendo ese momento de oración, es una actitud que revela la dependencia que tienes de Dios, no estás haciendo alarde de quién eres, sino que, estás con el concepto muy bien definido que, si Dios no te ayuda, nadie podrá hacerlo porque sólo El tiene la capacidad de lo que necesitas resolver.

Aún Jesús, siendo Dios, durante Su ministerio sostuvo la oración constante hacia el Padre, antes y después de hacer milagros; El tuvo una vida ejemplar en todo, al punto que en determinado momento, estando con Sus discípulos les dice que ni siquiera 1 hora habían podido orar, como diciéndoles que 1 hora podría significar lo mínimo de comunicación con Dios, pero no estoy sentando doctrina con eso. Pero entonces con eso Jesús estaba dejando en claro que la oración es un sinónimo de la dependencia que debes tener de Dios y no de tus capacidades.

En la versión de la **Biblia KJV 1611**, la palabra que se relaciona con orar, está 514 veces entre las palabras: oración, orar, orando, oraban, etc., eso me deja ver que tiene una incidencia muy significativa como para dejarla pasar por alto.

La Química Funciona en Varias Cosas de La Creación

El universo funciona por unidad compuesta, por la química que pueda encontrar en sus componentes en la mayoría de cosas que existen; así mismo en las cosas que recibes y que Dios te permite tener y hacer de acuerdo a Su voluntad.

La química del agua

El agua que bebes, con la que te bañas, cocinas, etc., está formada por un átomo de oxígeno y dos átomos de hidrógeno (H_2O).

La química del aire

El aire que respiras, sus componentes constantes son los siguientes:

1. **78%** de nitrógeno.

2. **21%** de oxígeno.

3. **1%** se compone de gases como el dióxido de carbono, argón, neón, helio, hidrógeno, otros gases y vapor de agua. Si sólo respiras dióxido de carbono, te envenenas.

La química de la sal

Los principales componentes de la sal son los siguientes:

1. El cloruro de sodio (el cloro de forma aislada es venenoso).

2. Yoduro de potasio.
3. Ferrocianuro de sodio. (cianuro de sodio de igual forma es veneno).
4. Aluminio silicato de sodio.

Aunque el elemento principal es el cloruro de sodio, abarca el 99% de su composición; cuando hace una unidad compuesta, el sodio se convierte en un ION positivo, y el cloro en un ION negativo, son saludables y necesarios porque en química, lo opuesto se atrae. Insisto en que casi todo lo que necesitas en la vida, es consecuencia de elementos que se unen para hacer una realidad de unidad compuesta. Estoy dejando estos ejemplos con el propósito de hacer ver entonces que en la unidad compuesta se alcanzan mayores y mejores objetivos.

Las Razones Químicas Del Poder Divino

Son por causa de las imitaciones de Satanás y para que no tome ventaja sobre ti.

2 Corintios 2:11 …para que Satanás no tome ventaja sobre nosotros, pues no ignoramos sus ardides.

Cuando esos elementos se unifican para alcanzar ese poder extraordinario, suceden cosas inexplicables, es más, puedo decirte que esos elementos no los tiene Satanás, por consiguiente no puede imitar esa situación, consecuentemente no puede engañar a la gente con cierto poder; con esto puedo decir que es una batalla del Dunamis de Dios contra el Dunamis del diablo; porque debes recordar que Satanás todo lo imita dentro de su proceso de engaño, además que, en algún momento él fue investido de poder en la delegación que Dios le había permitido, pero cuando fue separado de la comunión con Dios, dejó de ser un delegado de Dios, pero el conocimiento de lo que es considerado como los misterios de Dios, se lo llevó con él, entre ellos, el Dunamis porque sabía cómo y cuándo operaba.

Es por eso que entender la química divina te permite comprender la combinación de las cosas que Dios te otorga para su efectiva administración y su efectivo poder que está sobre todo poder.

Lucas 24:49 (LBA) Y he aquí, yo enviaré sobre vosotros la promesa de mi Padre; pero vosotros, permaneced en la ciudad hasta que seáis investidos con **poder (*Dunamis G1411*)** de lo alto.

Lucas 10:19 Mirad, os he dado **autoridad** (***Exousia***) para hollar sobre serpientes y escorpiones, y sobre todo el **poder** (***Dunamis G1411***) del enemigo, y nada os hará daño.

Basándome en estos versículos, puedo ver entonces que hay un Dunamis contra Dunamis. Surge otra interrogante: **¿cómo poder identificar la falsedad y que el enemigo no tome ventaja?**, la única forma es a través de la química divina, me refiero a la combinación con otros elementos del poder que viene de Dios, para poder ministrar ese poder de diferentes maneras.

El Poder Dunamis Divino

DUNAMIS #G1411 δύναμις dúnamis; de G1410; fuerza; poder milagroso, eficacia, fuerza, impetuoso, maravilla, capacidad, dar, poder, poderosamente, potencia, potestad.

Este es el significado en ambos casos, refiriéndome a los 2 versículos que describí del evangelio de Lucas; por eso es importante el hecho de poder comprender la química espiritual, con el propósito de alcanzar la capacidad de llevar a cabo cualquier cosa con potencia de señales; por eso el Dunamis divino de parte de Dios puede verse de la siguiente forma:

1. **La facultad de tener algo para dar.** Un ejemplo lo puedes ver cuando Pedro y Juan se encuentran con el paralítico a la puerta del templo La Hermosa, ellos llenos del Espíritu Santo, no hacen más que pronunciar: **...en el nombre de Jesús, anda...** y en ese momento lo levantaron y caminó.

2. **Es un poder para compartirlo.**

3. **Capacidad inherente.**

4. **Poder para obrar.**

5. **Poder en acción.**

6. **Potencia.**

7. **Milagro.**

8. **Poder.**

Dunamis es el poder de Dios, que imparte poderes en combinación, como sucede con los químicos; esto es para hacer conocida la voluntad de Dios.

Eso es lo que Satanás no tiene, por consiguiente no puede potencializarse como lo hace el poder de

Dios; porque Satanás no tiene los demás elemento que son necesarios.

La Química Dunamis

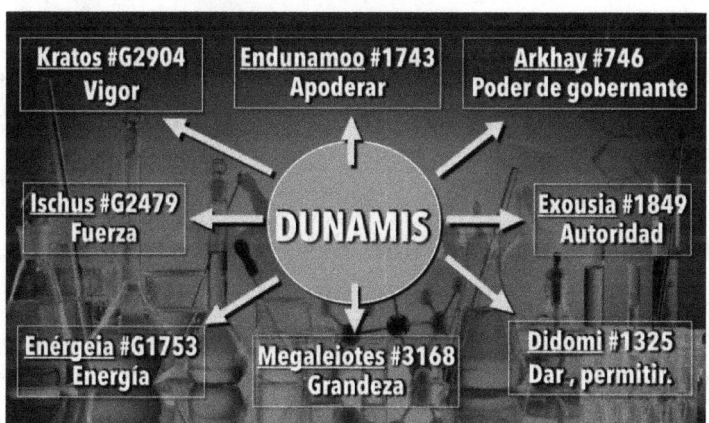

Con esta imagen estoy planteando lo que ya expliqué en cuanto a la potencialización de las virtudes espirituales que Dios te ha delegado, me refiero a la química del Dunamis, o sea el poder de Dios, con las otras virtudes que el Señor te permite alcanzar en el momento oportuno. Debes saber que Satanás es poderoso, pero Dios es Todopoderoso, de manera que Dios te delega con poderes que son la combinación perfecta para derrotar al enemigo en el nombre de Jesús.

Efesios 1:19 Y cuál aquella supereminente grandeza de su **poder** para con nosotros los que creemos, por la **operación** de la **potencia** de su **fortaleza**...

Efesios 1:19 (LBA) ...y cuál es la extraordinaria grandeza de su **poder** *(#1411 DUNAMIS)* para con nosotros los que creemos, conforme a la **eficacia** *(#1756 ENÉRGEIA)* de la *fuerza (#2479 ISCHUS)* de su **poder** *(#2904 KRATOS)*...

Todas las palabras que dejé con el numeral del Diccionario Strong, significan **poder**, aunque cada una tiene una forma diferente de ejecutarse que debe trabajar en combinación de una química espiritual, por eso, como puedes ver, inicia **DUNAMIS** y se combina con 3 elementos más.

Colosenses 1:29 Por esto me fatigo y lucho, sostenido por la **fuerza** *(G1753 enérgeia)* de aquel que actúa **poderosamente** *(G1411 dúnamis)* en mí.

En este versículo puedes ver otro ejemplo de lo que es la combinación de química espiritual del poder de Dios.

Efesios 6:10 (LBA) Por lo demás, **fortaleceos** *(viene de la raíz: Poder Dunamis #1411)* en el Señor y en el **poder** *(Kratos #2904)* de su **fuerza** *(Ischus #2479)*.

Paráfrasis: Por lo demás, toma el poder en el Señor y en el poder de su poder.

Las escrituras nos están hablando de ser llenos de muchísimo **PODER**, tampoco es automático, sino que, requiere de tu participación, con el entendido que la forma para ser llenos es vistiéndote con la armadura de Dios.

La Química de La Oración y La Petición

Según la mentalidad hebrea es como una química en la oración o intercesión. La oración no es sólo comunicación, sino que, es algo que Dios quiere responder en la base de la combinación de otras cosas a las cuales llamo, **la química de la oración**.

La oración afecta las 3 partes de tu ser

Si vas a dedicarte a la oración, debes aprender a orar y comprender cosas que son esenciales porque afectará directamente 3 partes de tu ser, por ejemplo:

Génesis 2:7 Entonces el SEÑOR Dios formó al hombre del polvo de la tierra, y sopló en su nariz el aliento de vida; y fue el hombre un ser viviente.

1. Polvo: **Cuerpo.**
2. Aliento: **Espíritu humano.**
3. Ser viviente: **Alma.**

Nota que en este versículo hace referencia al ser tripartito de una persona.

1 Tesalonicenses 5:23 Y que el mismo Dios de paz os santifique por completo; y que todo vuestro ser, espíritu, alma y cuerpo, sea preservado irreprensible para la venida de nuestro Señor Jesucristo.

1. **Cuerpo**: Por las posiciones que adoptas mientras oras, afecta tu cuerpo.

2. **Alma**: Emociones, voluntad, consciencia, subconsciente e inconsciente es lo que afecta tu alma.

3. **Espíritu**: Es la parte celestial que puede estar en la presencia de Dios sin desconectarse de lo que tiene con el alma y cuerpo, y al mismo tiempo estar en la presencia de Dios intercediendo, porque esto es un efecto dimensional, eso me deja ver que el cuerpo y el intelecto están en la Tierra dándole sentido a la oración e intercesión.

Las 3 expresiones en la oración

Debes saber que de pronto alguien puede orar por vocación, pero es Dios quien decide la respuesta en cuanto al momento y si es viable o no por Su misericordia. Ahora bien, si en algún momento se ora por vocación pero sin equipamiento y aun así, Dios responde; ¿cómo será esa sinergia cuando tienes la vocación y la preparación adecuada o con la conciencia de los principios que rigen en la oración?, el respaldo de Dios será mayor.

Las expresiones a las que me refiero son de pensar, hablar y actuar:

1. **Las expresiones de pensamientos**: son imágenes que se forman antes decir una palabra, es decir, necesitas ver algo por adelantado para poder decirlo orando.

2. **Las expresiones del habla**: son las palabras que salen de las imágenes que ya tienes, por eso dice la Biblia que de la abundancia del corazón habla la boca. Quizá tuviste la oportunidad de haber visitado un enfermo en la sala de urgencias de un hospital y en base a eso que quedó en

tu corazón, pronuncias palabras de sanidad y te proyectas a futuro viendo a esa misma persona, totalmente sana.

3. **Las expresiones de acciones**: es lo que haces para que se añada a la oración; tú oras en las puertas de un hospital porque no te dejan ingresar; pero hay alguien que conoces y está postrado en la cama de una sala de cuidados intensivos, pero por la fe sigues orando, y cuando Dios lo aprueba, se hace realidad. Esto es lo que ha hecho que haya personas haciendo actos de fe y he tenido la oportunidad de ver la respuesta favorable de Dios.

Los Diferentes Ángulos De La Oración

Uno de los propósitos de es libro, es que puedas ser debidamente equipado, por consiguiente verás puntos que nunca antes los has escuchado en ningún lugar; por supuesto bajo la misma perspectiva de la oración y también resaltar la importancia de la oración, aunque algunos digan que todo es por gracia y misericordia, lo cual no deja de tener verdad, sin embargo Jesús, siendo

Dios Hijo, lo hizo porque necesitaba estar en comunicación con Dios Padre.

Entonces el hecho que sea por gracia y misericordia, eso no sustituye a la necesidad de estar en constante comunicación con Dios; porque todo esto no es religión, sino que, es la íntima comunión con Dios.

Los grandes predicadores deberían buscar el rostro de Dios constantemente porque si bien es cierto que hay programas de la Biblia para computadoras donde se facilitan muchas cosas; no es posible trasladar un mensaje sin haber orado porque de otra forma, ¿cómo puede estar seguro el predicador, que su mensaje muy bien preparado es la voluntad de Dios para Su Iglesia?

Es por eso que debes dejarte conducir por el Espíritu Santo e inquirir diligentemente para averiguar en la Biblia, qué fue lo que los hombres de la fe de aquel entonces, descubrieron en la oración, para lo cual utilizaré el siguiente versículo:

Jeremías 7:16 (LBA) En cuanto a ti, no **ruegues (*ores #6419 PALAL*)** por este pueblo, ni levantes por ellos clamor ni oración, ni intercedas ante mí, porque no te oiré.

Es muy interesante que la palabra **ruegues #6419 PALAL,** está relacionada con juzgar, juicio, juez y es también pedir, pensar, rogar, etc., pero adicionalmente a eso, es la raíz de otros términos que se usaban en el Antiguo Testamento, dentro de ellas está:

<u>Tefillah</u> es la palabra hebrea que viene de la raíz <u>Palál</u> que significa **oración**.

Tefillah es en plural, o sea oraciones.

1. Oración del amanecer: **Shajarit Génesis 19:27**.
2. Oración de la tarde: **Minjá Génesis 24:63**.
3. Oración del anochecer: **Arvit Salmos 4:8**.

Más ampliamente **Oración #6419 PALÁL**: raíz primaria; juzgar (oficial o mentalmente); por extens. interceder, orar:- juez, juicio, juzgar, hacer oración, orar, pedir, pensar, rogar, suplicar, valor.

Palál lleva la connotación implícita como el ruego que hace un convicto a un juez, pidiendo que lo escuche por la injusticia que cometieron contra él o ella.

Eso significa que en la oración debe haber una actitud de dependencia total de Dios y reconocer que solamente Él puede cambiar cualquier veredicto; un ejemplo que puedo citar es el momento cuando una mujer que había sido sorprendida en el acto mismo del adulterio, la llevan ante Jesús para apedrearla y sabiendo que solamente Él podía decidir entre salvarla o que fuera condenada por su actitud; aunque había pecado, es perdonada y vivió porque en el último momento fue cambiada su sentencia.

Por eso no es posible que haya gente que quiera minimizar la importancia de la oración cuando es la comunicación que existe con el Padre, el Dios justo y fiel que no te dejará perdido ni solo en ningún momento.

Entonces **Palal** es una oración que cuando se hace en esa actitud, te conceden audiencia para que hagas tu petición la cual en hebreo es **Bakashah**, término que significa **petición** o **solicitud**.

Génesis 48:22 Y yo te he dado a ti una parte sobre tus hermanos, la cual tomé yo de mano del amorreo con mi **espada** y con mi **arco**.

Estas son las últimas palabras de Jacob a José en su lecho de muerte; es muy interesante ese versículo porque Jacob nunca fue un hombre de guerra sino de paz, en su juventud siempre estuvo en casa, era un pastor, no fue como Esaú que se le conocía como un cazador. Entonces ¿por qué habla como diciendo que había conquistado con espada y arco?, ¿qué relación tiene la palabra oración, petición, palál, tefillah y bakashah?

El poder de Jacob estaba en su voz

Génesis 27:22 Jacob se acercó a Isaac su padre, y él lo palpó y dijo: **La voz es la voz de Jacob**, pero las manos son las manos de Esaú.

Génesis 25:27 (LBA) Los niños crecieron, y Esaú llegó a ser diestro cazador, hombre del campo; pero **Jacob *era* hombre pacífico, que habitaba en tiendas**.

Con esto lo que estoy dando a entender es que cuando **Génesis 48:22** hace referencia a una conquista con espada y arco, estaba refiriéndose a otra cosa, menos a la forma de conquista como lo hacía Esaú. Sin embargo, cuando Jacob se acercó a su papá Isaac para que lo bendijera como primogénito porque ya había negociado eso con Esaú; Isaac le dijo que la voz no era la de Esaú sino la de Jacob, porque tenía voz de pastor, tenía un vozarrón inconfundible que hasta las ovejas la distinguían obedeciéndole.

Juan 10:27 Mis ovejas oyen mi voz, y yo las conozco y me siguen...

Insisto en que lo poderoso que tenía Jacob era su voz, no la espada ni el arco, con lo cual puedo referirme a lo siguiente:

El Targum de Onkelos dice en Génesis 48:22 Y te daré una porción más que a tus hermanos, que tomé de la banda de la Amoraah con **mi oración y mi solicitud**.

El Targum de Onkelos es una Biblia que utiliza las raíces más antiguas del idioma hebreo para poder descifrar ciertas palabras que no encajan o parecería que están fuera de contexto, tal es el caso de **Génesis 48:22** que sustituye **espada** y **arco**, con **oración** y **solicitud**.

Lo que puedo comprender con esto es que Jacob desarrolló una voz de pastor, una voz que desarrolla un intercesor suplicando a Dios, creyendo con todo el corazón que pronto El enviará Su respuesta; es como hoy se conquista en el nombre de Jesús a través de la oración e intercesión, a través de presentar la petición a Dios, siempre confiados en que El responderá a tu favor, principalmente cuando se hace a favor de Su Iglesia amada.

Targum Onkelos: Traduce las palabras de Yaakov al arameo como ... con mi oración (tzaloti) y mi pedido (bauti).

Oración y petición: #8605 Tephillah (espada) y Bakashah (arco).

La interpretación de **Génesis 48:22** es entonces que **mi espada** se refiere a **tefillah (oración)** y **mi arco** se refiere a **bakashah (solicitud)**. Puedo decir entonces que orar es tocar el corazón del juez.

Tefillah se deriva de la palabra plila (arbitraje / juicio, aunque en hebreo moderno significa **criminal**), ya que en la súplica del peticionario, le pide a Dios que aborde una injusticia recibida.

Es decir que la oración denota una forma mediante la cual el suplicante apela a Dios como alguien que admite que no es digno de lo que solicita, sin embargo le suplica a Dios humildemente que le conceda sus necesidades; de manera que la oración es el aspecto de humildad y la petición es la razón específica de ese acercamiento a Dios.

En los días que Dios me ha permitido que esté al frente del grupo de siervos de Dios en su calidad de intercesores, recibí la solicitud de intercesión de una esposa y madre, pidiendo que se orara por su esposo porque lo habían sentenciado a 75 años de cárcel injustamente, lo habían acusado sobre una mentira formulada en su contra.

Esta persona estaba angustiada suplicando que los intercesores salgamos a batallar en el nombre de Jesús, con la espada que significa oración y con el arco que significa petición; porque esta es una delegación que Dios dejó a Su Iglesia desde aquel momento cuando dijo **MI IGLESIA**, en aquel momento Jesús le entregó las llaves del reino a Su Iglesia.

Mateo 18:20 (LBA) Porque donde están dos o tres reunidos en mi nombre, **allí estoy yo en medio de ellos**.

¿Quién es el que está hablando?, el Señor Jesucristo, además que El es Dios, ¿qué tiene que ver en todo esto?

1 Juan 2:1 (LBA) Hijitos míos, os escribo estas cosas para que no pequéis. Y si alguno peca, **Abogado tenemos para con el Padre, a Jesucristo el justo**.

Podrías pensar que quizá eso sea cuando haya una situación injusta, sin embargo lo que deja ver este versículo es que puede haber gente culpable de muerte y el juez justo, Dios Padre, recibir la solicitud de cambio de sentencia; una solicitud que se mueve por la intercesión ante el mejor abogado que pueda existir, Dios Hijo, el Señor Jesucristo.

Ezequiel 18:4 (LBA) He aquí, todas las almas son mías; tanto el alma del padre como el alma del hijo mías son. **El alma que peque, ésa morirá**.

Ezequiel 18:20 (LBA) El alma que peque, ésa morirá. El hijo no cargará con la iniquidad del padre, ni el padre cargará con la iniquidad del hijo; la justicia del justo será sobre él y la maldad del impío será sobre él.

Dios es justo al dicar sentencia; sin embargo, aunque El cambie una sentencia, seguirá siendo justo porque es juez justo, El es Dios soberano. De tal manera que aunque tu respuesta tardara un poquito, no desmayes, sigue intercediendo; recuerda que a Daniel le respondieron su petición desde el primer día, sin embargo se tardó 21 días en llegar la respuesta:

Daniel 10:12-13 (LBA) Entonces me dijo: No temas, Daniel, porque **desde el primer día** en que te propusiste en tu corazón entender y humillarte delante de tu Dios, fueron oídas tus palabras, y a causa de tus palabras he venido. [13] Mas el príncipe del reino de Persia **se**

me opuso por veintiún días, pero he aquí, Miguel, uno de los primeros príncipes, vino en mi ayuda, ya que yo había sido dejado allí con los reyes de Persia.

Recuerda que Dios no desprecia un corazón contrito y humillado, solamente debes perseverar en todo momento.

En cuanto a mi persona, quiero compartir en este ultimo espacio que, Dios me ha permitido caminar por un camino donde me ha enseñado muchos principios de guerra espiritual, de liberación, etc., han sido momentos maravillosos donde El me ha entregado la victoria sobre potestades de maldad que han estado operando contra Su Iglesia.

Pero con el transcurrir de los años aquella situación que pude aprender, quizá se convirtió en una situación mecánica porque los principios no dejarán de funcionar si han sido puestos por Dios; pero, algo estaba sucediendo dentro de mí sin que lo pudiera notar y fue esa la razón por la que tuve que vivir mi Peniel como lo vivió Jacob (**Génesis 32:24-30**).

Dios me hizo saber que había debilitado una área en mi vida espiritual ...*a pesar que has tenido mi respaldo, te has apartado de la espada y el arco, la oración y la petición, te has olvidado que la intercesión también es otro brazo en la guerra espiritual porque llegarás al momento donde usarás tu arco decretando...*

Ahí fue donde Dios me hizo recapacitar y me reveló lo dicho en la primera mención de la Iglesia por Jesús; comprendí que tenía una activación de parte de Dios que debía poner a funcionar sobre la base de algo que había descuidado, pero hoy es el momento de recuperarlo, me refiero a la oración y la intercesión donde, en este tiempo, he visto más que nunca antes, la respuesta de Dios.

Le he orado a Dios para que me guarde de pagarle mal después de lo que he visto en respuesta ante la intercesión que se he levantado juntamente con el grupo de intercesores. Estoy agradecido con Dios por la oportunidad que me concedió de reconectarme con los principios de la oración, el clamor, el gemido, la intercesión hasta llegar incluso al lugar de las apelaciones ante el juez justo, Dios Padre, por el Espíritu Santo en el nombre Jesús.

Es por eso que Dios me ha permitido estar de pie delante de El, compartiendo de lo que he escrito, tanto en este libro, como en el anterior muy enfáticamente, para que tu esperanza no muera, tu fe no sea menguada sino por el contrario, sea fortalecida en el nombre de Jesús porque los milagros que pides al Padre en el nombre de Jesús,

El los concede, solamente debes aferrarte a Sus promesas y esperar en Dios Todopoderoso.

Lo único que debes hacer es levantar tu comunión y comunicación con Dios; no permitas que el enemigo llene de cosas vanas tu mente, esfuérzate por buscar el rostro del Señor Jesucristo en todo momento y seguro que lo hallarás.

La Química De La Oración Y La Humildad

Antes de terminar con este capitulo, quiero dejar una pequeña introducción de lo que desarrollaré en el siguiente; y es que cuando me refiero a la química de la oración y la humildad, está íntimamente relacionada con la actitud con la que se pide, la cual es como el ambiente que se debe preparar para recibir adecuadamente. Debes saber que Dios es soberano eternamente, sin embargo la actitud con la que haces tu petición tendrá una fuerza muy especial para tocar el corazón de Dios.

Santiago 4:2-3 (LBA) Codiciáis y no tenéis, *por eso* cometéis homicidio. Sois envidiosos y no podéis obtener, *por eso* combatís y hacéis guerra. No tenéis, porque no pedís. ³ Pedís y no recibís, porque pedís con malos propósitos, para gastar*lo* en vuestros placeres.

El Apóstol Santiago está hablando muy claro respecto a la razón por la cual la gente no recibe lo que pide: son codiciosos, envidiosos, pleitista, por consiguiente lo que piden no lo reciben porque el trasfondo con que lo hacen es negativo. Eso me deja ver entonces que la actitud con la que se hacen las peticiones a Dios, es de suma importancia; la oración y la petición debe hacerse en la química con la humildad para que sea un deleite cuando Dios escuche tu voz.

Lucas 18:14 (LBA) Os digo que éste descendió a su casa justificado pero aquél no; porque todo el que se ensalza será humillado, pero **el que se humilla será ensalzado**.

Salmos 138:6 (LBA) Porque el SEÑOR es excelso, y **atiende al humilde**, mas al altivo conoce de lejos.

¿Quién es un humilde?

1. Es el que está en concordancia con otros para orar en el mismo espíritu.

2. La humildad es la que permite estar en sintonía y/o unidad espiritual para tener derecho a utilizar las llaves del reino.

3. Para estar en unidad se requiere de ese nivel de sumisión, abnegación y estar en un mismo corazón.

Es importante considerar las características de la humildad en los grupos de intercesión, porque si bien es cierto que es Dios quien decide porque es soberano en hacer como Él desea; también hay ambientes que se crean en medio de una verdadera humildad; en caso contrario, cuando no hay alguna de estas características, podría ser que no haya respuesta de Dios, pero si hay una verdadera humildad y unidad de corazón, la oración como intercesores de Dios, se convertirá en una sinfonía de peticiones que lleguen a Su corazón y Él responderá favorablemente.

Los Equilibrios de La Intercesión

Capítulo 10

En el tema anterior mencione que el enfoque de este libro es que, todo intercesor deba estar debidamente equipado en el escenario que le corresponda ocupar, eso ayudará a mantener un equilibrio bíblico y espiritual en el área de la comunicación divina y alcanzar la respuesta por lo cual los discípulos le dijeron a Jesús: **enséñanos a orar**.

Aquella gente tenía la cultura de orar por el hecho de ser israelitas, pero llega el momento en que ven la necesidad de subir de nivel en su oración, porque ya habían escuchado orar a Jesús y habían visto también la forma en que le respondía el Padre.

¿Por qué es importante aprender los principios de la oración e intercesión?

Porque la mayoría de personas cuando oran, lo hacen en la base de un conocimiento que trata con los principios de la oración e intercesión, pero de pronto eso mismo los hace caer en oraciones rutinarias; pero si aprendes a orar de acuerdo con la Biblia, al deseo intrínseco del corazón de Dios, serás testigo de la dimensión de la esfera sobrenatural y verás la respuesta a tus oraciones, aunque sean situaciones que para el hombre son imposibles o fuera de lugar, Dios te responderá favorablemente.

Por eso es importante aprender a orar de lo cual puedo decir que hay 11 diferentes tipos de oración, basadas en cada elemento que se usaba para hacer el incienso. Por eso es necesario aprender a orar como conviene como dice la Biblia (**Romanos 8:26-27 BTX**), porque eres un guerrero espiritual que, debe ser diestro con las armas de luz que Dios te ha entregado para salir victorioso de toda batalla que enfrentes contra potestades de maldad.

Esa es la razón por la cual debes continuar ahondando con la preparación de orar, porque como lo mencioné anteriormente, donde enseñé acerca de la química espiritual de la intercesión, y si ahora la unimos con los equilibrios; habrá sinergia divina y alcanzarás peticiones verdaderamente efectivas en el nombre de Jesús.

Solamente pare tener una referencia de lo que debes comprender como una química espiritual en la oración, citaré 5 diferentes formas que igualmente las viste anteriormente:

La oración e Intercesión

1. Oración y petición.
2. Oración y humildad.

3. Oración e intención.
4. Oración y ayuno.
5. Oración y fe.

Antes de empezar a desarrollar el tema central de este capítulo, debo continuar con otro punto acerca del equilibrio de la oración e intercesión, para lo cual utilizaré el ejemplo de 2 hombres que oraban de pie, porque aún eso tiene un significado, lo cual es equilibrio, también es el hecho que se considera justo:

Lucas 18:10 Dos hombres subieron al templo a **orar**; uno era fariseo y el otro recaudador de impuestos. **11 El fariseo puesto en pie**, oraba para sí de esta manera: "Dios, te doy gracias porque no soy como los demás hombres: estafadores, injustos, adúlteros; ni aun como este recaudador de impuestos.

Lucas 18:13-14 Pero **el recaudador de impuestos, de pie** y a cierta distancia, no quería ni siquiera alzar los ojos al cielo, sino que se golpeaba el pecho, diciendo: "Dios, ten piedad de mí, pecador." **14** Os digo que éste descendió a su casa justificado pero aquél no; porque todo el que se ensalza será humillado, pero el que se humilla será ensalzado.

La posición con la que se ora, revela la actitud que se tiene, no obstante que Dios examina la actitud del corazón, porque alguien puede estar orando de rodillas, pero con una altivez de corazón.

La Química De La Oración Y La Humildad

La humildad es entonces una actitud que dice mucho para recibir lo que pides. A partir de aquí estoy complementando la última parte de lo que enseñé en el capítulo anterior, para lo cual traeré las bases que describí:

Santiago 4:3 (LBA) Pedís y no recibís, porque pedís con malos propósitos, para gastarlo en vuestros placeres.

En el contexto puedes ver por qué razón no se recibe:

Santiago 4:2 (LBA) Codiciáis y no tenéis, por eso cometéis homicidio. Sois envidiosos y no podéis obtener, por eso combatís y hacéis guerra. No tenéis, porque no pedís.

La oración tiene que hacer química con la humildad para que la petición sea deleite a los oídos de Dios; además recuerda que la humildad es la llave de la oración para la respuesta divina.

Filipenses 2:5-6 (BNC) Tened los mismos sentimientos que tuvo Cristo Jesús, **6** quien, existiendo en la forma de Dios, no reputó codiciable tesoro mantenerse al igual con Dios, sino que se anonadó, tomando la forma de siervo y haciéndose semejante a los hombres; y en la condición de hombre"...

Entonces a veces la gente pide que Dios los haga humildes; El obrará por amor a quien se lo esté pidiendo, aunque la gente no sabe que parte de ese proceso es pasar por la humillación, ya sea que la misma persona deponga su actitud de orgullo o soberbia y sea humilde de corazón, o que Dios le envíe alguien para que inicie el proceso de humillación hasta que verdaderamente halla humildad.

Lucas 18:14 (R60) Os digo que éste descendió a su casa justificado antes que el otro; porque cualquiera que se enaltece, será humillado; y el que se humilla será enaltecido.

Salmo 138:6 (R60) Porque Jehová es excelso, y atiende al humilde, Mas al altivo mira de lejos.

Estos versículos dejan ver entonces que en ningún momento Dios avalará una actitud que no lleve una verdadera humildad y sencillez de corazón, como lo hizo Jesús, porque al final lo que debes saber es que, Dios está tallando la imagen de Su Hijo Jesucristo en ti, por consiguiente pasarás por algunos procesos como los que El pasó, obviamente que eso no significa que vayas a ser crucificado en la cruz del calvario, pero sí habrá un proceso que Dios permitirá con amor y por amor a ti.

Es por eso que cuando ores a Dios, debes cuidarte de no hacerlo como lo hizo aquel fariseo de **Lucas 18:10-11** porque él se jactaba de las cosas que había logrado como si todo lo hubiera hecho por sus propios medios y que nunca había necesitado de Dios; mientras que el recaudador de impuestos estaba consciente de quién era, lo que padecía en su corazón, reconocía sus actitudes; de tal manera que teniendo cierto conocimiento de Dios, sabía que al reconocer su condición y que no era agradable a Dios, sólo podía pedir misericordia.

¿Quién es un humilde?

Debes saber en qué consiste la humildad como química de la oración:

1. Consiste en estar en concordancia con otros para orar en el mismo espíritu. Un ejemplo lo puedes ver nuevamente en la cita de **Lucas 18:10-11** porque si el fariseo

hubiera sido humilde; cuando escuchó al recaudador de impuestos, se hubiera puesto a reconocer que él también tenía situaciones que necesitaba cambiar urgentemente, como muchos hoy día.

2. Consiste en permitir estar en sintonía y/o unidad espiritual para tener derecho de usar las llaves del reino de Dios. Una oración legalista te impide usar las llaves del reino, ni siquiera se tiene la mentalidad jurídica, legislativa, espiritual porque todo se convierte en vana palabrería repetitiva y sin sentido, todos lo dicen porque así les enseñaron pero no saben por qué.

3. Consiste en un nivel de sumisión, abnegación y estar en un mismo sentir de corazón.

4. En las redes de intercesión donde no sucede nada, es porque se ha hecho a un lado el nivel de la humildad.

La Concordancia

Creo necesario ampliar un poco acerca de lo que significa la concordancia, principalmente porque lo he mencionado muchas veces al decir que el creyente debe estar en concordancia con la Iglesia, que la Iglesia esté en concordancia con el reino de Dios, etc.

Entonces, si eres parte de un grupo intercesor, debes saber que cada uno de sus integrantes, debe estar en **concordancia** con los demás, es decir, unidos de corazón. Un ejemplo lo puedo ver en la unidad matrimonial, es una relación de corazón a corazón, unánimes en un mismo propósito; así debe ser la oración de intercesores, sentir lo que el necesitado está sintiendo, hacerse uno en un mismo sentir, no solamente es de recibir una petición de oración y hacer una expresión con el rostro, como si verdaderamente se sintiera pena, cuando quizá no la hay.

Por eso la Biblia dice que debes orar sin cesar, y por otro lado también puedes ver cómo es que Jesús le dice a Sus discípulos que ni una hora habían podido orar; los insta a que oren para que no entraran en tentación. Eso me deja ver entonces que, cuando ya eres consciente de la necesidad de orar, subes de nivel, en el cual debes aprender a orar dentro de lo cual está el hecho que haya concordancia en los grupos de intercesión.

Concordancia como la unidad matrimonial

Si no hay una concordancia o una relación de corazón a corazón en el matrimonio, las oraciones son estorbadas, pero si se llega al nivel de concordancia en la oración, las cosas cambian:

1 Pedro 3:7 Y vosotros, maridos, igualmente, convivid de manera comprensiva con vuestras mujeres, como con un vaso más frágil, puesto que es mujer, dándole honor como a coheredera de la gracia de la vida, **para que vuestras oraciones no sean estorbadas**.

La concordancia debe ser de doble vía, pero en el ejemplo de este versículo, le están diciendo al varón que debe cuidar esa concordancia, de otra manera, sin importar cuánto tiempo ore, sus oraciones no serán efectivas.

1 Pedro 3:6 Así obedeció Sara a Abraham, **llamándolo señor**, y vosotras habéis llegado a ser hijas de ella, si hacéis el bien y no estáis amedrentadas por ningún temor.

Con este versículo, el cual es contexto de anterior, puedes ver que existe un llamado que debe cumplir la esposa, no puede ser que el amor sea solamente de una vía, debe ser de corazón a corazón, amor mutuo, en el mismo nivel; en caso no sea así, debe llegarse delante de Dios para que El obre sobre ese matrimonio para que se limpie todo estorbo y que de esa manera haya efectividad en la oración matrimonial.

Etimología de concordancia

Una de las cosas que debo recordar aquí es la base de la intercesión:

Orar por las necesidades del prójimo y olvidarse de las propias; en el momento de la intercesión es el momento cuando pueden llegarse a cambiar los veredictos de una persona. Cuando pides por tus necesidades, estás orando, no intercediendo; no estoy diciendo que esté mal el hecho de pedir por tus necesidades, solamente estoy haciendo la diferenciación.

Ahora bien, para referirme propiamente a la etimología de la palabra concordancia, puedo decir que viene del latín **concordantia** la cual significa **correspondencia de una cosa con la otra**.

1. El prefijo **CON** significa: **junto o globalmente**.

2. La palabra **COR, CORDIS** significa: **corazón**.

Es necesario que aprendas esto porque mientras tú, siendo un intercesor estás esforzándote en buscar la concordancia entre gente que sea homogénea espiritualmente hablando; **Satanás lo que busca sembrar en esos grupos es discordia**.

De aquí puedo decir entonces que cuando no hay concordancia de corazón a corazón, es porque debe haber otra característica que esté afectando la oración lo cual puede ser por disputas, desacuerdo, deseos egoístas o cualquier otras clase de discordias, razón por la cual la oración no llega hasta el trono del juez justo, Dios Padre.

Etimología de discordia

Viene del latín **discordia**:

1. El prefijo **DIS** significa: **separación múltiple como disentir, disipar**.

2. La palabra **COR**, **CORDIS** significa: **corazón**.

Esta es una de las estrategias que utiliza Satanás para impedir que haya comunicación con Dios, de tal manera que la gente ora constantemente, pero por la discordia que existe con el prójimo, su oración no sube hasta el trono del juez justo.

Estrategia de Satanás

Hacer que los intercesores oren cada quien por su cuenta para que de esa manera estén separados de la autoridad de Cristo, la estrategia de Satanás está en contra del principio descrito en la Biblia:

Mateo 18:20 Porque donde están **dos o tres** reunidos en mi nombre, allí estoy yo en medio de ellos.

Si ignoras todas las concordancias, no prevalecerás, no tendrás respaldo en tus batallas espirituales; la concordancia establece una posición legítima para poder hacer una declaración de guerra espiritual dentro de la oración del reino de Dios, la cual será respaldada por El porque habrá una estrategia agradando Su corazón.

Los intentos de Satanás

Si Satanás logra separarte o ponerte en discordia, podrá alejarte de la realidad del reino de Dios en cualquiera de sus niveles de comunicación divina:

1. La oración.
2. El clamor.
3. El gemido.
4. La intercesión.
5. Las apelaciones (nunca llegarías a este nivel).

Los Equilibrios de La Intercesión

De manera que la oración no funcionará porque estará carente del poder de la unidad; por eso debes saber que la oración eficaz, depende mucho de las relaciones interpersonales y de la relación con Dios principalmente; habrá buena comunicación con El y por muchas horas, si tienes concordancia con otros intercesores y habrá concordancia con otros intercesores, si buscas hacer la voluntad de Dios, es un círculo virtuoso porque una situación siempre dependerá de la otra.

Debes comprender que la oración e intercesión son parte de tu diario vivir, primero por amor a Dios, para tener una íntima comunión con El constantemente; pero también porque Satanás no hace tregua en ningún momento, sino que, siempre está buscando la forma de hacerte tropezar en el pecado, pone estorbos para hacerte cambiar tu forma de pensar y consecuentemente, tu forma de accionar, inclusive cuando es a favor de otros.

Otro punto que no puedo dejar de mencionar aunque quizá está sobreentendido, es el hecho que cuando recibes una petición de oración y/o intercesión, automáticamente estás haciendo tuya esa necesidad para presentarte delante de Dios, solicitando una respuesta favorable ante aquella situación que te aquejará por la concordancia que hay en cuanto a tener un mismo sentir en el corazón.

No es posible que ores y mantenerte ajeno a esa necesidad y que no te importe lo que Dios responda; por supuesto que la última palabra la tiene el juez justo; no puedes ordenarle nada, pero por ser juez justo, puede revisar el expediente de aquella situación por la que estás intercediendo y ver la condición de tu corazón con la que lo estás haciendo, ver si verdaderamente lo haces como todo un soldado de Su ejército de guerra espiritual o por religiosidad.

Recuerda que así como un día llegaste a los pies de Jesús con mucha necesidad; seguramente hubo gente intercediendo por ti para que llegara finalmente ese día; lo mismo debes hacer a favor de otros y llenarte de paciencia, ya sea porque intercedes para que acepte a Jesús en su corazón o por las necesidades de otro cristiano, bajo la perspectiva de hacer tuya aquella situación adversa en la vida para llevarla delante del juez justo, Dios Padre; por supuesto que todo lo haces en el nombre de Jesús, es el Señor Jesucristo tu abogado quien nunca ha perdido un sólo caso.

Cuidando la concordancia

Cuando cuidas la concordancia en la oración, tus peticiones llegan a los oídos de Dios como un sólo sonido:

1. Llega al cielo la petición como una sinfonía, a una sola voz.
2. Es la intercesión en el nivel de la sinfonía.
3. Esa intercesión será la que tendrá la respuesta divina.

Por eso fue que Jesús dejó el modelo en cuanto a la oración:

Mateo 6:9 Vosotros, pues, orad de esta manera: "**Padre nuestro** que estás en los cielos, santificado sea tu nombre…

Cuando dijo: **Padre nuestro**… automáticamente estaba diciendo que El, siendo el hermano mayor entre muchos, estaba en concordancia pidiendo por las necesidades de los demás; porque hay muchas cosas en la vida que, Dios las creó y estableció para que las puedas vivir, las disfrutes y tengas la respectiva efectividad, pero para llegar a alcanzar la plenitud de esas cosas, Dios establece la unidad en la oración.

Por eso puedes ver desde el principio de la creación, vio Dios que todo era bueno, solamente una vez vio que no era bueno, fue cuando el hombre estaba sólo, entonces le hizo ayuda idónea, empezó la unidad, siendo precisamente la concordancia de corazón a corazón en el matrimonio.

La Química De La Oración y Intención

En este punto verás la importancia de involucrar en la oración, todo aquello que denota la intención de una oración; cuando llegas delante de Dios con una petición, será escudriñada para saber cuál es el trasfondo de lo que estás pidiendo.

Mateo 6:7-8 (LBA) Y al orar, **no uséis repeticiones sin sentido**, como los gentiles, porque ellos se **imaginan** que serán oídos por su **palabrería**. ⁸ Por tanto, no os hagáis semejantes a ellos; porque vuestro Padre sabe lo que necesitáis antes que vosotros le pidáis.

Aquí es donde se revela la intención de la oración si es correcta, buena y lleva los principios o llaves del reino de Dios. La oración debe expresar tu devoción o el sentir del corazón y no solamente vana palabrería. Entonces lo que Dios está diciendo es que debes cuidarte de no caer en lo siguiente:

1. Repeticiones sin sentido.

2. Imaginación sin sentido.
3. Palabrería sin sentido.

Hablar de las intenciones de la oración implica la mentalidad antiguo testamentaria de la oración, esto es lo profundo de tenerlo en mente cada vez que oras para poder recibir la respuesta de tu petición.

Repeticiones: 945 battologeo significa, repetir las mismas cosas una y otra vez, usar muchas palabras ociosas, balbucear, hablar (dicho en otras palabras, es como hacerlo solo por llenar un tiempo y requisito).

Imaginar: 1380 dokeo significa, pensar, suponer, imaginar que parece bueno (como decir ideas fantasiosas).

Palabrería: 4180 polulogia significado, mucho hablar (como palabras sin sentido).

Tradicionalmente esto es lo que toda persona en términos generales, aprende en la religión oficial del mundo; razón por la cual hasta ponen un número determinado de lo que se conoce como un rezado y le hacen creer a sus seguidores que así es como Dios responderá lo que necesitan; como si Dios no escuchara el corazón.

La oración e intercesión debe tener una química que revele la intención de la oración, lo cual teológicamente se llama **KAVANAH**, lo cual es:

- Es la mentalidad necesaria para el momento de la oración.

Kavanah es un concepto teológico en el judaísmo sobre **el estado mental y el corazón de un intercesor**, de un adorador, en su sinceridad, en su devoción y absorción emocional durante las oraciones (expresión de las emociones). Para los judíos es lo que enfatiza la devoción emocional durante las oraciones en lugar de una religiosidad impulsada por la tradición litúrgica.

En otras palabras puedo decir que es la oración que fluye de lo más profundo del corazón de alguien que se ha hecho uno con aquel que está sumido en una situación de necesidad porque intercedan por él o por ella; no es una oración religiosa, sino lo que viene de lo más profundo del corazón de un intercesor genuino espiritual, como decir, alguien que constantemente está delante del juez justo, Dios Padre; por supuesto que llevado por el abogado Señor Jesucristo quien, como lo he dicho en otras oportunidades, nunca ha perdido ni un sólo caso contra Satanás.

Kavanah te lleva de vuelta entonces al hecho de decir que tu intercesión será examinada hasta lo profundo de tu corazón para saber cuál es la intención con que la estás pronunciando, al punto que sin importar el lugar de dónde esté la persona que está necesitada de tu intercesión; recibirá el favor de Dios una vez que tu intención sea totalmente sincera y desinteresada a cualquier cosa.

Kavanah: הָנֻוכ; del hebreo bíblico, plural kavanot o kavanos, significa:

Literalmente: intención o sentimiento sincero, dirección del corazón.

Proviene de una antigua raíz verbal que donde el punto principal de la intención se revela por el corazón de intercesor. Connota dirigir, preparar, establecer, es decir, una orientación de mente y de corazón e intención totalmente transparente.

La razón de Cristo al enseñar el Padre nuestro

No es una recitación de memoria, sino la esencia misma de una oración donde el creyente expresa una súplica, mientras realmente cree, siente fehacientemente que Dios lo oye.

Kavanah es emocional como intelectual, sin ser almática; sino más bien el torrente de un corazón que ama a Dios y lo conmueve la necesidad de otros. Cristo dio el patrón y cada uno debe hacerlo de corazón sin pasar por alto los principios del modelo de oración. Esto implica que el intercesor entiende las palabras de la oración y lo dice de manera seria.

Por lo tanto, **Kavanah** es la fuerza que el creyente usa en la intención hacia Dios, en otras palabras, es una especie de concentración, seguida de la percepción sincera de una respuesta a la fe, es decir, cuando estás seguro de que Dios escucha y nadie te hace cambiar de opinión.

Es como sucede en lo físico cuando alguien tiene un problema legal y necesita de la asesoría de un abogado porque es quien conoce la forma de llevar el caso de forma legal y sabe qué argumento presentar para revocar la decisión del juez. Por supuesto que para ti, el especialista es el Señor Jesucristo porque es el abogado que se presenta ante el juez justo, Dios Padre; pero lo hace con todos los argumentos necesarios porque del otro lado está Satanás el fiscal acusador, buscando y esperando la resolución para destruir la vida de aquella persona por la cual estás intercediendo.

Es por eso que la Iglesia de Cristo debe comprender la importancia que hay en su función para que se levante en el nombre de Jesús y seas un intercesor con un corazón agradable a Dios, porque la gente que te busque para ese efecto, regularmente son personas que están devastadas, sin fuerza, perdieron la noción del tiempo porque es un ataque satánico para que la gente sea desubicada totalmente hasta el punto de quedarse invalida espiritualmente y así ser destruida; pero es entonces cuando llegas para tomar su lugar pero con las fuerzas de Jesús.

Todo lo que estoy explicando aquí es desde un punto de vista espiritual, no almático, sin embargo hay sentimientos involucrados porque debes tener un corazón sensible a la necesidad del prójimo; alguien que diga que ora sin sentimientos; no lo puedo juzgar, pero tampoco puedo darle mucho crédito porque alguien sin sentimientos es alguien sin corazón sensible a la voz de Dios y a la necesidad de los demás.

Kavanot permite ver que, al orar debes ser lleno de sentimientos en tu corazón y en la mente, no sólo en la boca. Eso fue lo que Jesús le reprendía a la secta de los fariseos, a los escribas y a los gentiles.

Marcos 7:6 Y El les dijo: Bien profetizó Isaías de vosotros, hipócritas, como está escrito: "ESTE PUEBLO CON LOS LABIOS ME HONRA, PERO SU CORAZON ESTA MUY LEJOS DE MI.

Mateo 6:7 Y al orar, **no uséis repeticiones sin sentido, como los gentiles**, porque ellos se imaginan que serán oídos por su palabrería.

Jesús sabía que el judaísmo estaba lleno de ritualismos y eso los había hecho que fueran insensibles ante la necesidad de los demás; pero el punto es que el intercesor debe ser entonces de corazón sensible y no pretender que alguien que está sumido en un gran dolor, vea las cosas con frialdad; el intercesor debe tomar la necesidad del prójimo como si fuera suya y así orar ante Dios.

Kavanah es tener una buena intención en el corazón para que tu oración venga de lo más profundo de tu ser y no de labios solamente.

Salmo 51:17 Los sacrificios de Dios son el espíritu contrito; al corazón contrito y humillado, oh Dios, no despreciarás.

¿Cómo verá Dios el hecho que subas ante El con un corazón contrito y humillado, pidiendo para otra persona pero lo estás

haciendo como si fuera para ti? Es por eso que uno de los milagros más grandes que Dios hace a favor de tu vida, además del sacrificio de Jesús en la cruz del calvario para que fueras salvo; es el hecho de cambiar tu corazón de piedra por uno de carne, por uno que sienta el dolor de los demás porque es parte del proceso de un intercesor; a veces incluso padecer una situación extraordinaria para que, cuando veas la necesidad en otros, sepas de qué te están hablando.

Eso es lo mismo que ya mencioné anteriormente, a veces es necesario que cada persona tenga su propia experiencia del Peniel espiritual con el propósito de volverse más sensible, no estoy diciendo que sea almático todo este proceso, pero tampoco puedo decir que debe ser un guerrero que le hacen una herida muy profunda en el corazón y no siente nada; si Dios permite una situación de ese tipo, es para que haya sensibilidad al dolor ajeno.

En cuanto a mí, mi esposa y mi hijo Douglas, estuvimos atravesando el ataque del Coronavirus y en medio de la necesidad que tuvimos de oración; al principio casi nadie lo sabía, (excepto nuestra familia, ellos también son guerreros espirituales), pero después de unos días, lo sabían algunas personas y ninguno oró por nosotros; no estoy testificando con amargura, sino que estoy haciéndote saber nuestro Peniel que nos llevó a que reaccionáramos ante la necesidad de otros.

¿Cómo saber el sentir de otros?, pasando lo mismo que están viviendo, quizá antes que ellos para poder salir en su auxilio, en su momento y con conocimiento de causa.

Después de aquella situación, Dios me hizo ver que debía levantarme en el nombre de Jesús para interceder por las ovejas que El me encomendó; pero no solamente eso, sino que me reveló el misterio de la primera mención de la Iglesia, de lo cual escribí en el libro anterior; a partir de ahí sentí que Dios me estaba dando otra oportunidad para no descuidar la comunión con El y hacer el trabajo de pastor al que fui llamado.

Un punto muy importante en el que debes estar consciente es que, un intercesor puede cambiar un veredicto que el reino de las tinieblas pueda tener en contra de una persona y que no necesariamente es la voluntad de Dios que muera esa persona. Ciertamente en medio de una corte celestial y por los argumentos presentados, Dios pudo haber autorizado determinado estado de una persona, pero eso no significa que no se le pueda ganar a las tinieblas, revirtiendo la sentencia del juez justo, El lo puede revertir y seguirá siendo juez justo y con mayor énfasis.

Es por eso tan importante que un intercesor entre en batalla, pero asimilando la necesidad de la persona que busca ayuda, porque el que intercede está libre y no habrá diablo que lo acuse, por consiguiente, en el nombre de Jesús podrá hacer lo que sea necesario, espiritualmente hablando; pera reabrir el caso, como sucede en las cortes de lo natural.

La Química De La Oración y Las Posiciones

Existen 4 posiciones muy importantes en la oración que permiten ver las actitudes del creyente. Esta parte es importante porque necesitas saber por qué oras en ciertas posiciones:

Las 4 posiciones

¿Qué hay en tu mente, en tu corazón cuando utilizas una de las cuatro posiciones para orar?, ¿qué sabes acerca de orar en cierta posición?, ¿por qué lo haces así?

1.- De pie

En la antigüedad orar en la posición de pie estaba relacionada con alguien **justo**, como lo mencioné anteriormente.

Lucas 18:11-14 El fariseo **puesto en pie, oraba para sí** de esta manera: "Dios, te doy gracias porque no soy como los demás hombres: estafadores, injustos, adúlteros; ni aun como este recaudador de impuestos. **12** "Yo ayuno dos veces por semana; doy el diezmo de todo lo que gano." **13** Pero el recaudador de impuestos, de pie y a cierta distancia, no quería ni siquiera alzar los ojos al cielo, sino que se golpeaba el pecho, diciendo: "Dios, ten piedad de mí, pecador." **14** Os digo que éste descendió a su casa justificado pero aquél no; porque todo el que se ensalza será humillado, pero el que se humilla será ensalzado.

Esto era una actitud contraria al fariseo porque estaba justificándose sin ser justo.

La justificaciones del fariseo

- No oraba con pecadores.
- No era como otros hombres.
- No era ladrón.
- No era injusto.
- No era adultero.
- No era como el publicano.
- Ayunaba 2 veces a la semana.
- Pagaba sus diezmos.

Estar de pie es como decir no tener nada de qué avergonzarse y ser justo verdaderamente desde un punto de vista humanista.

Lucas 21:36 Mas velad en todo tiempo, orando para que tengáis fuerza para escapar de todas estas cosas que están por suceder, y **podáis estar en pie delante del Hijo** del Hombre.

2.- De rodillas

Orar de rodillas implica reverencia, era y es una posición que significa la actitud de suplica para cambiar un veredicto.

Lucas 22:41 Y se apartó de ellos como a un tiro de piedra, y poniéndose de rodillas, oraba, **42** diciendo: Padre, si es tu voluntad, aparta de mí esta copa; pero no se haga mi voluntad, sino la tuya.

Esta es la actitud que denota la reverencia a la esfera legislativa en donde sólo Dios puede cambiar un veredicto. Jesús, antes de ser crucificado y sabiendo lo que le esperaba, se arrodilló pidiéndole a Su Padre que, si era posible que cambiara el veredicto, pero en Su voluntad.

Otro ejemplo de orar de rodillas para cambiar cualquier veredicto es en el libro de Daniel; habían cartas firmadas con sentencia para impedir que Daniel se postrara ante Jehová.

Daniel 6:7 Todos los funcionarios del reino, prefectos, sátrapas, altos oficiales y gobernadores, han acordado que el rey promulgue un edicto y ponga en vigor el mandato de que cualquiera que en el término de treinta días haga petición a cualquier dios u hombre fuera de ti, oh rey, sea echado en el foso de los leones.

Daniel 6:10 Cuando Daniel supo que había sido firmado el documento, entró en su casa (en su aposento superior tenía ventanas abiertas en dirección a Jerusalén), y como lo solía hacer antes, continuó arrodillándose tres veces al día, orando y dando gracias delante de su Dios.

Daniel 6:12-13 ...por lo cual se presentaron ante el rey y le hablaron tocante al mandato real: ¿No firmaste un mandato que cualquier hombre que en el término de treinta días hiciera petición a cualquier dios u hombre fuera de ti, oh rey, fuera echado en el foso de los leones? El rey respondió, y dijo: La orden es cierta, conforme a la ley de los medos y persas, que no puede ser revocada. **13** Entonces ellos respondieron y dijeron al rey: Daniel, que es uno de los deportados de Judá, no te hace caso, oh rey, ni del mandato que firmaste, sino que tres veces al día hace su oración.

3.- Postrado

Esta posición significa la negación de ti mismo, es como decir, morir a uno mismo para que se cumplan los planes de Dios en ti.

Mateo 26:38-39 Entonces les dijo: Mi alma está muy afligida, hasta el punto de la muerte; quedaos aquí y velad conmigo. **39** Y adelantándose un poco, **cayó sobre su rostro, orando** y diciendo: Padre mío, si es posible, que pase de mí esta copa; pero no sea como yo quiero, sino como tú quieras.

Es la posición del intercesor que, teniendo sus propias necesidades, se niega a sí mismo y entra en angustia por las necesidades de otros.

Otras versiones de la Biblia dicen de la siguiente forma:

(CI) Entonces les dice: «Mi alma está llena de una tristeza mortal. Quedaos aquí y velad conmigo».

(CST-IBS) Les dijo: Una tristeza mortal me ha llenado el alma. Quedaos aquí y velad conmigo.

(BDA2010) ...y les dijo: Me muero de tristeza, quédense aquí y velen conmigo.

4.- Sentado

En el tiempo del Antiguo Testamento, orar sentado indicaba la actitud del creyente que escuchaba a Dios en el interior de su corazón, dejaba resonar Su palabra y meditaba en el mensaje que recibía.

2 Samuel 7:18 Entonces el rey David entró y se sentó delante del SEÑOR y dijo *(oro)*: ¿Quién soy yo, oh Señor DIOS, y qué es mi casa para que me hayas traído hasta aquí?

El que oraba primero se arrodillaba y luego se echaba hacia atrás y se sentaba sobre los talones.

La Química De La Intercesión en Grupo

He llegado a la parte que tiene el fundamento de la función de la intercesión en grupo, es decir global, pero explicaré también los diferentes niveles de los participantes cuando se involucran.

La oración en grupo

1 Juan 1:3 (DHH 1994) Les anunciamos, pues, lo que hemos visto y oído, para que **ustedes estén unidos con nosotros**, como nosotros estamos unidos con Dios el Padre y con su Hijo Jesucristo.

Antes de hablar de la importancia de una red de intercesores, es necesario comprender que la experiencia de orar en privado no se puede sustituir porque aún el Señor Jesucristo, se apartaba para orarle al Padre a solas.

La oración a solas

Mateo 26:36 Entonces Jesús llegó con ellos a un lugar que se llama Getsemaní, y dijo a sus discípulos: **Sentaos aquí mientras yo voy allá y oro**.

La oración en grupo es poderosa, pero no puede sustituir la oración en privado.

La oración de 2 o 3

Mateo 18:19 Además os digo, que **si dos de vosotros se ponen de acuerdo** sobre cualquier cosa que pidan aquí en la tierra, les será hecho por mi Padre que está en los cielos. [20] Porque **donde están dos o tres reunidos en mi nombre**, allí estoy yo en medio de ellos.

La oración en grupo o red

Pueden ser más de 3 personas hasta 120 y llegar a ser global, como la ciudad de Nínive que clamaron todos los habitantes y Dios no los destruyó.

Hechos 1:14 Todos éstos estaban **unánimes, entregados de continuo a la oración** junto con las mujeres, y con María la madre de Jesús, y con los hermanos de El. ¹⁵ Por aquel tiempo Pedro se puso de pie en medio de los hermanos (un grupo como de ciento veinte personas estaba reunido allí), y dijo…

En batallas de intercesión, llega el momento y la necesidad de tener a tu derecha y a tu izquierda otros con el mismo espíritu combativo, por ejemplo:

Éxodo 17:12 Pero las manos de Moisés se le cansaban. Entonces tomaron una piedra y la pusieron debajo de él, y se sentó en ella; y Aarón y Hur le sostenían las manos, uno de un lado y otro del otro. Así estuvieron sus manos firmes hasta que se puso el sol.

El principio y estrategia de una red de intercesores es participar en un grupo porque incrementa la autoridad y la unidad, por ejemplo: el factor que se potencializa.

El factor de la multiplicación es de 10

- El poder de 1 vence a mil (1,000).
- El poder de 2 vencen a diez mil (10,000).
- El poder de 3 vencen a cien mil (100,000).
- El poder de 4 vencen a un millón (1,000,000,000).
- El poder de 5 vencen a diez millones (10,000,000.000).
- El poder de 6 vencen a cien millones (100,000,000.000).
- El poder de 7 vencen a un billón (1,000,000,000.000).

Los Intercesores

El pasaje bíblico apropiado para comprender que la intercesión es algo que le agrada a Dios, es el siguiente:

1 Timoteo 2:1-3 Exhorto, pues, ante todo que se hagan rogativas, oraciones, peticiones y acciones de gracias por todos los hombres; **²** por los reyes y por todos los que están en autoridad, para que podamos vivir una vida tranquila y sosegada con toda piedad y dignidad. **³** Porque esto es bueno y agradable delante de Dios nuestro Salvador…

Dios no hizo la oración únicamente con el propósito de una comunicación de una vía, solamente para saber qué te aqueja o saber si estás haciendo bien tu trabajo como intercesor, sino que, la hizo de doble vía, El recibe tu intercesión para que después recibieras Su respuesta.

Al Otro Lado de La Intercesión

Capítulo 11

Alguna vez has escuchado lo que sucede al otro lado de la oración y la intercesión?, porque de este lado del velo es donde estás orando, intercediendo, presentando tus peticiones, pero no sabes a ciencia cierta qué está sucediendo del otro lado del velo, en el mundo espiritual, en la corte divina espiritual antes que sea dictada una sentencia en relación a lo que estás orando.

También es necesario hacer mención de otro punto interesante; no es lo mismo decir **al otro lado**, y decir **del otro lado** como sucede con una moneda que tiene 2 imágenes, de un lado tiene una imagen y **del otro lado** la otra imagen.

Al decir, **al otro lado de la intercesión**, es como referirse en puntos de distancia, del continente americano y pensar qué sucede al otro extremo del mar, quizá en Europa. En relación a la oración e intercesión es algo que la mayoría de creyentes no saben, es lo que está sucediendo en el momento de plena guerra espiritual, en medio de la intercesión, porque al otro lado es otra dimensión que te separa por un velo que a veces es muy tenue dependiendo de tu nivel de espiritualidad; ese es uno de los motivos por los que desarrollaré este capítulo en el nombre de Jesús.

Las Cosas Al Otro Lado

Moisés, al otro lado del desierto, encontró pasto para sus ovejas y se encontró con una zarza ardiendo por la presencia de Dios.

Éxodo 3:1 (BAD) Un día en que Moisés estaba cuidando el rebaño de Jetro, su suegro, que era sacerdote de Madián, llevó las ovejas **hasta el otro extremo del desierto** y llegó a Horeb, la montaña de Dios.

Éxodo 3:1 (LBP) Apacentaba Moisés el rebaño de Yetró, su suegro, sacerdote de Madián; **condujo el rebaño más allá del desierto** y llegó hasta la montaña de Dios, Horeb.

En ese momento, estando al otro extremo, Moisés recibió revelación de Dios y el propósito que había para su vida. Cuando analizas la situación, resulta que en el desierto no hay pasto, es un lugar de tierra árida, sin embargo, Moisés de alguna forma sabía que al otro lado, yendo más allá de lo que sus ojos podían ver, encontraría pasto para las ovejas pero más que eso, se encontró con una zarza que ardía y no se consumía porque de ahí era de donde salía la voz de Dios revelándole el propósito que había para su vida, la agenda de su ministerio y la razón por la cual había estado tanto tiempo escondido en el desierto, al otro lado de donde había estado originalmente.

Las cosas en Dios que existen al otro lado

Jesús estaba en la orilla del mar de Galilea, invitó a Sus discípulos a subir a la barca y les dijo que navegaran hacia el otro lado, donde estaba Decápolis, 10 ciudades paganas, conocida como Galilea de los gentiles, era una cultura netamente pagana, no tenían influencia judía. Sin embargo, hicieron ese viaje porque al otro lado, encontraría a un necesitado de liberación.

Marcos 4:35 Ese día, caída ya la tarde, les dijo: Pasemos **al otro lado**.

Marcos 5:1-2 (LBA) Y llegaron al otro lado del mar, a la tierra de los gadarenos. ² Y cuando Él salió de la barca, enseguida vino a su encuentro, de entre los sepulcros, un hombre con un espíritu inmundo.

Hay que ir al otro lado para ver las necesidades de liberación, quizás para un ser amando o de gente que está batallando con ataduras, que tienen problemas de ataques de espíritus, que tienen enfermedades cuyo origen es espiritual y es la razón por la cual no encuentran medicina que les resuelva el problema.

Por eso tienes que aprender a usar lo que Dios te delegó como armas de luz contra las tormentas, contra los temores al otro lado, usar el poder de atar y desatar a los necesitados, en el nombre de Jesús.

Al Otro Lado De La Intercesión

Apocalipsis 5:8 (LBA) Cuando tomó el libro, los cuatro seres vivientes y los veinticuatro ancianos se postraron delante del Cordero; cada uno tenía un arpa y **copas de oro llenas de incienso, que son las oraciones de los santos**.

La fotografía al otro lado de la intercesión

1. 24 ancianos.
2. 24 copas de oro llenas de incienso.
3. 24 horas de incienso.

Los puntos 1 y 2 me dejan ver que, Dios tiene un ángel con el incienso para tus oraciones durante 1 hora cada uno, una copa de oro llena de incienso para ser derramada sobre el altar durante 1 hora que tú necesitas orar, pero después viene el siguiente anciano para orar la siguiente hora y después el siguiente hasta cumplir los 24 ancianos, las 24 horas de cada día.

No estoy diciendo que ores las 24 horas del día, sino que el equipo de intercesión debe saber que tiene el respaldo de Dios en cada hora del día que ocupen para interceder; una hora un intercesor, después entrega la estafeta para el siguiente y después al siguiente, etc., cubriendo las 24 horas del día y al día siguiente igual, por eso los grupos de intercesores deben estar debidamente organizados porque si el enemigo no descansa, la Iglesia de Cristo tampoco dará tregua a la intercesión.

Sin embargo, me surge la interrogante: ¿cuántas copas de oro están nuevas sin usarse porque muchos creyentes no han tomado con responsabilidad e importancia los niveles de la comunicación divina?, aunque también podría ser que por mucho tiempo se había pasado por alto este conocimiento; eso me lleva a preguntar, ¿por qué el enemigo se opone a que sean usadas esas copas de oro llenas de incienso?

El secreto de la intercesión es más profundo de lo que no puedes imaginar, es por eso que debes tomar tu responsabilidad y ser un creyente de Dios con la necesidad diaria de comunicarte con El, bajo la perspectiva de entablar una conversación como si lo tuvieras físicamente frente a ti y no como algunos lo hacen, le hablan enviándole telegramas cada 8 horas en el mejor de los casos, bajo una perspectiva religiosa, pero realmente la comunicación divina que Dios está permitiendo hoy más que nunca, es para que estés siendo guiado por el Espíritu Santo a cada instante de tu vida y que no haya diablo que te engañe.

Recuerda que Dios te ha estado equipando, de tal manera que todas las armas de luz son para que las uses y las tengas a tu alcance siempre, es como la armadura de Dios, no puedes decir que te pones el yelmo de la salvación y no usarás el escudo de la fe o que dejarás para una futura oportunidad el calzado del apresto de la paz; toda la armadura de Dios es para que la lleves puesta todo el tiempo.

Escenarios De La Esfera Espiritual

Hechos 10:1-4 (LBA) Había en Cesarea un hombre llamado Cornelio, centurión de la cohorte llamada la Italiana, ² **piadoso y temeroso de Dios con toda su casa**, que daba muchas limosnas al pueblo judío y **oraba a Dios continuamente**. ³ **Como a la hora novena del día**, vio claramente en una visión a un ángel de Dios que entraba a donde él estaba y le decía:

Cornelio. **⁴** Mirándolo fijamente y atemorizado, Cornelio dijo: ¿Qué quieres, Señor? Y él le dijo: Tus oraciones y limosnas han ascendido como memorial delante de Dios.

Debes saber que aquel varón, no era judío, era romano, pero era temeroso de Dios y nota esto, **con toda su casa**; oraba continuamente y de pronto tiene una visión que le confirmaba la aprobación de lo que hacía.

Me llama la atención que en el principio de la Iglesia donde había promesa de Dios, la gente creía, aún los que no eran judíos; no tenían ni la menor idea de cómo sería el cumplimiento de muchas cosas, sin embargo se entregaron a lo que Dios les demandaba y lo hicieron por amor; era la obediencia de la Iglesia que le llaman primitiva, aunque de primitiva no tenía nada, era una Iglesia con manifestaciones de poder, visitación angelical, la ropa de los ministros sanaba enfermos, hasta con su sombra sanaban; esa Iglesia que le llaman primitiva era en esencia con el entendimiento de lo que sucedía al otro lado del velo cuando oraban y por eso tenían visitación angelical.

Hoy la Iglesia de Cristo está viendo el cumplimiento de la profecía bíblica, sin embargo está dejando pasar por alto la realidad de las experiencias alcanzables ante el hecho de obedecer a Dios, ocupar el lugar que le corresponde en responsabilidad de lo que Jesús le delegó desde hace 2020 años. Alguien dijo una vez en un canto: ...dónde está el Dios de Elías que obraba con poder respaldando a Su siervo... y el mismo se responde más adelante diciendo: ...dónde está el Elías de Dios que obedecía a todo lo que El le ordenaba que hiciera... es lamentable que, mucha de la Iglesia quiere ver milagros, pero no obedece cuando Dios le ordena que haga tal o cual cosa.

Es por eso que Dios me ha llevado a que ore e interceda juntamente con un fuerte grupo de siervos de Dios que han asimilado la visión de la intercesión para batallar en el nombre de Jesús y hacer que el enemigo retroceda, arrancarle de las garras del Coronavirus, las almas que pretende llevarse como si fueran suyas, cuando la realidad es que le pertenecen al Señor Jesucristo. La victoria la está entregando Dios y el enemigo está siendo derrotado por el favor de Dios y porque le estorba la unidad de la Iglesia de Cristo.

La hora novena

1766 enννατος ennatos {en'-nat-os} significa: la novena hora corresponde a las 3 en punto de la tarde.

Hechos 3:1-10 (LBA) Y cierto día Pedro y Juan subían al templo **a la hora novena**, la de la oración. ² Y había un hombre, cojo desde su nacimiento, al que llevaban y ponían diariamente a la puerta del templo llamada la Hermosa para que pidiera limosna a los que entraban al templo. ³ Éste, viendo a Pedro y a Juan que iban a entrar al templo, les pedía limosna. ⁴ Entonces Pedro, junto con Juan, fijando su vista en él, le dijo: ¡Míranos! ⁵ Y él les miró atentamente, esperando recibir algo de ellos. ⁶ Pero Pedro dijo: **No tengo plata** ni oro, mas lo que tengo, te doy: **en el nombre de Jesucristo el Nazareno, ¡anda!** ⁷ **Y asiéndolo de la mano derecha, lo levantó; al instante sus pies y tobillos cobraron fuerza,** ⁸ **y de un salto se puso en pie y andaba**. Entró al templo con ellos caminando, saltando y alabando a Dios. ⁹ Todo el pueblo lo vio andar y alabar a Dios, ¹⁰ y reconocieron que era el mismo que se sentaba a la puerta del templo, la Hermosa, a pedir limosna, y se llenaron de asombro y admiración por lo que le había sucedido.

Estoy dejando esta cita para que veas cuál es el resultado de la gente que se dedica a la oración en privado, porque cuando es el momento de la oración en público, Dios te respaldará porque en tu corazón no buscar la gloria para ti, sino que, estás actuando de acuerdo a lo que haces en privado, El sabe que le darás la gloria y la gente que reciba Su favor, igualmente alabarán a Dios como la cita anterior, porque verán que en ti no hay deseo de gloria humana, sino que vives para glorificar a Dios, tienes comunicación con Él en lo privado y lo demuestras en público cuando es oportuno.

Con todo esto, no estoy diciendo que se alcanza la eficacia al orar a las 3:00 pm como lo hicieron los apóstoles Pedro y Juan, ni que averigües en qué horario está determinado anciano de los 24 que describe Apocalipsis 5:8. Lo que debes hacer es tener la responsabilidad necesaria de estar intercediendo de acuerdo al horario que hayas reportado como disponible en el grupo de intercesión, esto con el propósito que las 24 horas del día, haya gente haciendo el trabajo que le corresponde en la obra de Dios, en cuanto a intercesión se refiere.

Quizá alguien esté cansado por su jornada de trabajo secular; pero quiero decirte que Dios conoce tu diario vivir, sabe que estás esforzándote por interceder por otros, no estás orando por tus necesidades, sino que, te olvidas que tienes determinado problema, para entonces interceder por otros; ahí es donde sube el aroma agradable del incienso que está almacenado en esa copa de oro para que sea lanzado sobre el altar del incienso y siga subiendo hasta las narices de Dios; debes esforzarte entonces para que no sea el cansancio el que impida que suba tu intercesión.

Ahora observa lo que está sucediendo al otro lado de la intercesión y oración:

Apocalipsis 8:3 (LBA) Otro ángel vino y se paró ante el altar con un incensario de oro, y se le dio mucho **incienso para que lo añadiera a las oraciones de todos los santos** sobre el altar de oro que estaba delante del trono.

Qué maravilloso es ver a la luz de la palabra que tu oración e intercesión en la Tierra, es recibida en el cielo y es fortalecida para que sea más intensa y poderosa.

Los ancianos están delante del trono de esmeralda, también están los 4 seres vivientes: uno con cara de león, otro con cara de buey, otro con cara de hombre y el último con cara de águila; los ancianos estaban distribuidos en 2 grupos, 12 de un lado y 12 del otro, y cada uno con una copa de oro llena de incienso. Llega un ángel delante de cada anciano para tomar de la copa, incienso y que lanzarlo en el altar del incienso que representa el altar de la oración que tienes en cada oportunidad que intercedes.

Obviamente que no estoy diciendo que debes levantar un altar, sino, me refiero a la actitud de necesidad, de responsabilidad y reverencia, propicia para que ese altar espiritual sea formado, no físico, insisto, sino un altar en tu corazón para hablar con Dios pero al otro lado, en el mundo espiritual está el altar celestial donde se examina si verdaderamente está fluyendo desde el lugar donde estás, de tal manera que si tu oración desciende por cualquier razón o aunque se mantenga ardiendo; llega un ángel hasta el trono de esmeralda para tomar más incienso de la copa de oro de uno de los ancianos y regresa al altar del incienso para alimentar el fuego y haga que suba con más intensidad ese aroma y no haya nada que estorbe tu intercesión.

Por eso es importante la intención de tu oración e intercesión que está en tu corazón, porque si ese aroma llega hasta las narices de Dios, habrá una respuesta favorable de acuerdo a los propósitos maravillosos de Dios, entonces verás milagros, sanidades, liberaciones, de pronto verás que las cosas cambiarán aunque al ojo humano sea inexplicable, lo único que necesitas es tener la iniciativa, la disposición en tu corazón, por eso el enemigo lo que busca es estorbar la intención de tu corazón, desmotivarte atacando por todos lados para hacerte creer que si te quedas de brazos cruzados, el diablo te dejará en paz, pero no es cierto, si te quedas así, serás presa fácil para destruirte.

Necesitas saber que si te decides por ser un intercesor de todo corazón y no te importa el cansancio, los estorbos, los ataques, etc., en el cielo verán tu disposición, tu intención y entonces recibirás de la mano de Dios fortaleza para seguir adelante porque no te importa desvelarte, no te importa sacrificar un día de descanso, etc., el deseo intenso que tienes en el corazón por interceder es más fuerte que los estorbos que puedan llegar a tu vida para pretender impedirte que hagas la voluntad de Dios; ahí es donde un ángel va y toma el incienso de la copa de oro para lanzarlo ante el altar del incienso y así avivar el fuego de tus oraciones delante de Dios.

Apocalipsis 8:4-5 (LBA) Y de la mano del ángel subió ante Dios el humo del **incienso con las oraciones de los santos**. ⁵ Y el ángel tomó el incensario, lo llenó con el fuego del altar y lo arrojó a la tierra, y hubo truenos, ruidos, relámpagos y un terremoto.

El incienso entonces es derramado es para que no desmayes en oración e intercesión porque tienen respuesta de Dios. ¿Te gustaría saber que hay ángeles llevando del incienso de la copa de oro, al altar celestial?, solamente debes tener la disposición, la actitud, la fidelidad a Dios y El te hará apto para toda buena obra y ver lo que sucede al otro lado del velo, en el mundo espiritual como sucede en esta cita:

2 Reyes 6:15-17 (LBLA) Y cuando el que servía al hombre de Dios se levantó temprano y salió, he aquí que un ejército con caballos y carros rodeaba la ciudad. Y su criado le dijo: ¡Ah, señor mío! ¿Qué haremos? **16** Y él respondió: No temas, porque los que están con nosotros son más que los que están con ellos. **17** Eliseo entonces oró, y dijo: Oh SEÑOR, te ruego que abras sus ojos para que vea. Y el SEÑOR abrió los ojos del criado, y miró, y he aquí que el monte estaba lleno de caballos y carros de fuego alrededor de Eliseo.

Si crees que no puedes orar porque no te fluye como lo hacen otros; solamente dispón tu corazón y Dios te dará la aptitud, porque la oración no es un don, sino una disciplina que debes formar en tu corazón con el propósito de tener siempre una comunicación constante con Dios. El Señor busca gente fiel para hacerla apta en el servicio que le quieren ofrecer.

Nuevo Aceite

Además de lo dicho, el incienso derramado es elaborado en base de aceite, eso significa que es una nueva unción para recuperar fuerzas y no abandonar la oración y la intercesión.

¿Qué pasan con las palabras que dices al orar?

- Las oraciones llegan al altar del incienso.

- Eso se convierte en olor grato y el humo sube delante de Dios.

- Se añade más incienso con la intervención del ángel para que se fortalezcan tus oraciones en el momento que hay debilidad para no abandonar la oración ni la intercesión.

Esta imagen es la representación en la Tierra, de lo que sucede en los cielos por medio de un ángel, tomando incienso de la copa de oro y llevándolo al altar del incienso.

¿Qué significa que pongan incienso en tu oración?

Santiago 5:16 (Jerusalén 1998) Confesaos, pues, mutuamente vuestros pecados y orad los unos por los otros, para que seáis curados. **La oración ferviente** del justo tiene mucho poder.

Ferviente = eficaz, insistente, fervorosa.

Ferviente G1754 energeō significa: eficiente, efectiva, poderosa, mostrarse, que trabaja.

De aquí viene la palabra **energía,** de manera que el incienso derramado por el ángel desde el altar del incienso celestial, te ministra energía para continuar intercediendo a favor de otros lo cual incluye que decretes atando y desatando. También debes considerar que si tu oración es ferviente, no es para que te jactes y pienses que eres poderoso, porque en todo caso, solamente eres un canal de bendición donde Dios se complace bendecir a otros; es El quien te ve como un vaso de honra para hacer Su obra en otros. Además lo ferviente es lo que reciben en el cielo.

Mateo 11:12 Y desde los días de Juan el Bautista hasta ahora, el reino de los cielos sufre violencia, y los **violentos** lo conquistan por la fuerza.

Violentos G973 biastés de G971; forzador, i.e. (figurativamente) **energético**: violento.

Entonces cuando el ángel toma incienso para derramarlo en el altar; estás siendo energizado espiritualmente y aún en lo físico.

Es necesario hacer una reflexión en este momento acerca de seguir o abandonar la oración, pero si la abandonas, debes saber que estás menospreciando el favor de Dios porque es El quien te ayuda en todo el esfuerzo que puedas llegar a hacer. No es posible que se minimice la oración cuando estás recibiendo ayuda del cielo; de tal manera que si no trabajas en pos de la oración e intercesión, es como menospreciar la ayuda de Dios, es como tenerla en poco, como si no la necesitaras.

También debes estar consciente que todo el escenario que te presenté cuando mencioné que habían 24 ancianos con sus respectivas copas y que llevan incienso para que llegue un ángel, tome del incienso y lo lance al altar del incienso para ayudarte en medio de la oración; la realidad es que todo ese escenario lo consideró Dios a favor tuyo, de tus intercesiones. Entonces, cuando menosprecias el privilegio de orar e interceder, tácitamente estás menospreciando todo ese escenario que Dios ordenó que existiera a favor tuyo, de tus oraciones.

El Ciclo Virtuoso de La Oración e Intercesión al Otro Lado

- Los intercesores levantan la oración.

- Al otro lado en la esfera celestial un ángel derrama incienso sobre tus oraciones.

- Si hay incienso derramado desde el altar del incienso es porque la oración es de acuerdo a la voluntad de Dios y tendrá respuesta.

- El incienso derramado te da la energía para que sea ferviente y eficaz, y te ministre más fuerza para seguir hasta ver el milagro. Pero lo que debes saber es que, si Dios propicia que los ángeles tomen incienso para que se eleve el fuego en el altar, es porque está de acuerdo con tu oración, consecuentemente estás en la voluntad de Dios y no tardará en responderte.

- Aunque la intercesión sea atacada, nunca desaparecerá porque eso ha sido el sistema espiritual que Dios ha usado a través de la historia bíblica con múltiples razones poderosas. Por eso no abandono la oración, además que he visto la respuesta favorable de Dios y estoy convencido que la seguiré viendo a favor de otros.

EL SISTEMA DIVINO DE LOS INTERCESORES SIEMPRE LO HA USADO DIOS PARA CAMBIAR VEREDICTOS.

La Importancia de Los Intercesores a Través de La Historia

Los tipos de intercesores

1. Los patriarcas intercesores de su familia.

2. Los jueces intercesores de las 12 tribus.

3. Los reyes intercesores del pueblo que gobernaban.

4. Los profetas intercesores de los reyes, del pueblo y de la nación.

5. Cristo único intercesor que derramó Su sangre por los salvos.

6. La Iglesia y/o creyentes intercesores de las familias, pueblos, gobernantes, etc.

Ahora la intercesión de la Iglesia de Cristo abarca todas las razones por las cuales antes se realizaba.

Los niveles para la intercesión

Esta es la base de este libro que, en su momento ya lo pudiste ver, de hecho hay capítulos específicos de cada nivel, pero debo dejarlo plasmado aquí para efectos didácticos y haya una ubicación por dónde voy enseñándote:

1. **La oración**: articulas palabras con entendimiento (Jesús enseñó a orar).

2. **El Clamor**: insistir pidiendo una cosa y con diferente sentimiento, es decir, llorando, gritando, clamando etc., pero no en forma rutinaria, sino que es el espíritu humano el que trabaja en favor de que salga de ti una emoción que revela el clamor.

3. **El Gemido**: es orar en el espíritu humano, ayudado por el Espíritu Santo. Es un sonar,

decir dichos indeciblemente; te quedas sin entendimiento humano, pero tampoco el diablo lo entiende.

4. **La Intercesión**: es pedir por otros aunque tengas una necesidad urgente y presente, te niegas a ti mismo para hacerlo por otro o por otros; eso es un intercesor, además que una de sus características muy especiales es la sensibilidad. A veces se cae de ser espiritual a religioso y eso hace que una persona sea insensible; pero cuando alguien tiene una vocación de intercesor, llega a sufrir por otros, se pone en la brecha por otros, etc.

Cuatro Cosas de lo que está al otro Lado de La Intercesión

1.- Ninguna palabra de intercesión que está energizada con el incienso del cielo, es desechada en esa dimensión, recuerda que una vez hay incienso energizándote, es porque tu oración ha sido aprobada, por consiguiente, eso mismo te hace seguir adelante.

1 Samuel 3:19 (LBA) Samuel creció, y el SEÑOR estaba con él; **no dejó sin cumplimiento** ninguna de sus palabras.

1 Samuel 3:19 (BNC) Samuel llegó a ser grande, y Yahvé estaba con él **y no dejó que cayera por tierra** nada de cuanto él decía.

2.- Si el corazón del intercesor es recto, sus oraciones no son desechadas y te envían ayuda.

Daniel 10:12 Entonces me dijo: No temas, Daniel, porque **desde el primer día** en que te propusiste en tu corazón entender y humillarte delante de tu Dios, fueron oídas tus palabras, y a causa de tus palabras he venido.

3.- Las oraciones son almacenadas en el templo celestial.

Apocalipsis 5:8 Cuando tomó el libro, los cuatro seres vivientes y los veinticuatro ancianos se postraron delante del Cordero; cada uno tenía un arpa y **copas de oro llenas de incienso**, que son las oraciones de los santos.

4.- Las oraciones se escriben en un memorial delante de Dios en el templo celestial; no solamente salen de la copa de oro, sino que hay un registro de esas oraciones. El memorial son libros en pergamino donde se escriben las situaciones que suceden; pero eso me deja ver entonces que, cuando estés delante del trono del Señor Jesucristo, sacarán esos pergaminos para ver las oraciones que hiciste, así como las que no quisiste hacer.

Hechos 10:4 Mirándolo fijamente y atemorizado, Cornelio dijo: ¿Qué quieres, Señor? Y él le dijo: **Tus oraciones** y limosnas han ascendido como memorial delante de Dios.

Lo que está al otro lado de la intercesión y viene para los intercesores

Protección divina para los que gimen en el altar.

Ezequiel 9:1-2 (LBA) Entonces gritó a mis oídos con gran voz, diciendo: Acercaos, verdugos de la ciudad, cada uno con su arma destructora en la mano. **²** Y he aquí, seis hombres venían por el camino de la puerta superior que mira al norte, cada uno con su arma destructora en la mano; y entre ellos había un hombre vestido de lino con una cartera de escribano a la cintura. Y entraron y **se pusieron junto al altar de bronce.**

1. Nota que todos se pusieron junto al altar de bronce, aunque en la Tierra el altar de bronce es de juicio; lo que deja ver la cita

anterior es que pudieron observar lo que sucedía.

2. Sin lugar a dudas, en el altar del incienso había algo que marcaría la diferencia entre los que serían guardados del juicio y los que no.

3. Buscaban las oraciones de los que gemían en el altar.

Ezequiel 9:3-4 (LBA) Entonces la gloria del Dios de Israel subió del querubín sobre el cual había estado, hacia el umbral del templo. Y llamó al hombre vestido de lino que tenía la cartera de escribano a la cintura; **4** y el SEÑOR le dijo: Pasa por en medio de la ciudad, por en medio de Jerusalén, y **pon una señal en la frente de los hombres que gimen** y se lamentan por todas las abominaciones que se cometen en medio de ella.

Gemir: lleva un sentimiento y emociones profundas que denotan la sinceridad del que gime, es como angustia profunda, dolor, compasión, etc.

Romanos 8:26 (LBA) Y de la misma manera, también el Espíritu nos ayuda en nuestra debilidad; porque no sabemos orar como debiéramos, pero el **Espíritu mismo intercede por nosotros con gemidos indecibles**...

Jueces 2:18-19 (LBLA) Cuando el SEÑOR les levantaba jueces, el SEÑOR estaba con el juez y los libraba de mano de sus enemigos todos los días del juez; porque **el SEÑOR se compadecía por sus gemidos** a causa de los que los oprimían y afligían. **19** Pero acontecía que al morir el juez, ellos volvían atrás y se corrompían aún más que sus padres, siguiendo a otros dioses, sirviéndoles e inclinándose ante ellos; no dejaban sus costumbres ni su camino obstinado.

Los gemidos identifican a una persona en el cielo, para que haya protección de los que lo oprimen y afligen, hay protección contra los verdugos.

1. Hay protección contra los juicios.

2. Dios te guardará por estar intercediendo, gimiendo por las abominaciones que se cometen en la Tierra.

3. Tu deber delante de Dios es interceder.

Ezequiel 22:30 (DHH 2002) Yo he buscado entre esa gente a alguien que haga algo en favor del país y **que interceda** ante mí para que yo no los destruya, **pero no lo he encontrado.**

Eso me deja ver que si tienes la vocación para ser intercesor, eres de un grupo muy selecto porque como puedes ver en el versículo anterior, Dios buscó algún intercesor y no lo encontró y ahora tienes el privilegio de ser intercesor con Su respaldo.

Romanos 11:2-5 (LBA) Dios no ha desechado a su pueblo, al cual conoció con anterioridad. ¿O no sabéis lo que dice la Escritura en *el pasaje sobre* Elías, cómo suplica a Dios contra Israel: **³** Señor, HAN DADO MUERTE A TUS PROFETAS, HAN DERRIBADO TUS ALTARES; Y YO SOLO HE QUEDADO Y ATENTAN CONTRA MI VIDA? **⁴** Pero, ¿qué le dice la respuesta divina?: **Me HE RESERVADO SIETE MIL HOMBRES QUE NO HAN DOBLADO LA RODILLA A BAAL.** **⁵** Y de la misma manera, también ha quedado en **el tiempo presente un remanente conforme a la elección de la gracia** *de Dios*.

Eres parte de ese remanente con el que Dios tiene contentamiento por tu forma de llevar la vida ocupándote de los demás, intercediendo por los demás, razón por la cual hay una logística de protección divina a favor tuyo.

Otra de las cosas que está al otro lado de la intercesión, son milagros al pie del altar

del incienso donde están almacenadas las oraciones e intercesiones.

Lucas 1:8-11 Pero aconteció que mientras Zacarías ejercía su ministerio sacerdotal delante de Dios según el orden indicado a su grupo, [9] conforme a la costumbre del sacerdocio, fue escogido por sorteo para entrar al templo del Señor y quemar incienso. [10] Y toda la multitud del pueblo estaba fuera orando a la hora de la ofrenda de incienso. [11] Y se le **apareció un ángel del Señor, de pie, a la derecha del altar del incienso**.

Con esto lo que estoy ejemplificando es lo que sucedía en la Tierra pero muy estrechamente relacionado con el ángel que estaba identificado con el incienso y con el altar. Pero cuál fue el milagro:

La esterilidad quedó cancelada y se activó la fertilidad en Zacarías y Elisabet, estuvieron 40 años esperando el milagro de la fertilidad y llegó el tiempo de la respuesta. ¿Por qué digo que esperaron 40 años? Porque Zacarías empezó su oficio sacerdotal a los 30 años y cuando sucedió su milagro, tenía 70 años de edad.

Eso me deja ver entonces que para los intercesores viene, además de protección divina, milagros porque mientras intercedes a favor de la necesidad de otros, Dios se encarga de tus asuntos personales lo cual incluye a tu familia; mientras suceden milagros para otros en respuesta de tus intercesiones por problemas familiares, de enfermedad, deudas, etc., también recibirás milagros a favor tuyo porque Dios se ocupa de tus asuntos. Eso no es imaginación mía, sino que es lo que dice la Biblia:

Isaías 54:17 (Amplificada) Pero ninguna arma que se forme contra ti prosperará, y cada lengua que se levante contra ti en juicio, demostrarás que está equivocada. Esta [paz, justicia, seguridad, triunfo sobre la oposición] es la herencia de los siervos del Señor [aquellos en quienes se reproduce el Siervo ideal del Señor]; esta es la justicia o la reivindicación que obtienen de mí [esto es lo que les imparto como su justificación], dice el Señor.

Solamente debes creer a la palabra de Dios y obedecer por amor; eso te dará la entrada al otro lado de la intercesión.

El Tribunal Superior de las Apelaciones Espirituales

Capítulo 12

El Tribunal Superior de las Apelaciones Espirituales

El último nivel de la comunicación divina es el de las apelaciones, el cual también requiere el conocimiento básico de la parte jurídica de la corte celestial, porque si hablo de apelaciones, es en referencia al tema jurídico, razón por la cual debes conocer dónde entra al escenario cada uno de los niveles de la comunicación divina, por eso, primero definiré la parte judicial de la corte celestial, luego la estructura de lo que puede considerarse la corte suprema de justicia de la esfera celestial.

Para que puedas tener una idea gráfica de lo que concierne a la comunicación divina, dejaré esta imagen que lo ejemplifica, son los niveles de los cuales es el Señor Jesucristo quien ha concedido a Su Iglesia para que tenga la comunicación, comunión e intimidad con Dios; recuerda que para El no hay imposibles, es por eso que estoy señalando el hecho que el Señor puede tener comunicación, comunión e intimidad con Su Iglesia, sin embargo la Iglesia de Cristo es necesario que tenga indicadores que lo confirmen:

La intercepción es el nivel de la comunicación divina donde fluye dentro de lo que podría llamar, la dimensión de la presencia de Dios, por supuesto que los otros niveles también están llegando a la presencia de Dios, pero de alguna manera puedo decir que la intercepción tiene una identidad del lugar donde tiene que estar.

Es por eso tan importante que logres identificar los indicadores, porque si fijas en figuran lo que es la presencia de Dios desde el Tabernáculo, verás que estaba construido en 3 compartimientos, me refiero a lo que es el Atrio, el Lugar Santo y el Lugar Santísimo de lo cual también fue muy oportuna la enseñanza que pudiste tener a este respecto para saber cuál es su significado de cada lugar y quiénes están en cada uno de ellos.

De tal manera que nadie que esté en el Atrio, puede estar en el Lugar Santísimo, aunque ya sea cristiano; tampoco es lo mismo estar en el Lugar Santo a estar en el Lugar Santísimo, cada lugar es motivo para un amplio y profundo estudio que se estará ampliando en la escuela de intercesores, aunque se ha enseñado en prédicas, discipulados, etc., pero nuevamente se tomará en cuenta para efectos didácticos.

Por eso insisto en que debes tener indicadores para saber que estás en comunicación, comunión e intimidad con Dios, indicadores que sean prácticos, experimentales, que la gente pueda discernirlos en ti, que puedas testificar y tener en el corazón la solvencia y la paz que estás en la dimensión correcta.

La Solvencia Del Nivel De Las Apelaciones

1 Pedro 1:17 (BAD) Y recuerden que el Padre celestial que **invocan** no hace acepción de personas cuando juzga. El juzgará sus acciones con perfecta justicia. Así que actúen con temor reverente mientras peregrinan rumbo al cielo.

Esta cita te permite ver el nivel de la apelación, pero también aprenderás lo que se requiere para todo aquel que llega a ese nivel y la solvencia para hacerlo, porque el juez juzga de acuerdo a tus acciones; es como visitar un edificio federal en Estados Unidos de América; antes de ingresar te advierten que si tienes algún delito o cargos de felonía sin resolver, puedes ser arrestado. Eso me deja ver entonces que dependiendo del nivel en que estés, los requisitos serán mayores, aunque de igual forma tus victorias en el nombre de Jesús también serán mayores porque tus enemigos así mismo lo serán.

En este otro pasaje está plasmado también el requisito de la solvencia para llegar al nivel de las apelaciones:

2 Timoteo 2:22 (LBA) Huye, pues, de las pasiones juveniles y sigue la justicia, la fe, el amor y la paz, con los que **invocan** al Señor con un corazón puro.

Cada nivel tiene condiciones que resumiré de manera práctica a continuación, pero solamente para tener una idea a este respecto, puedo decir que para llevar al nivel de la apelación, un requisito es que tengas corazón puro, limpio sin que Satanás, el fiscal de la corte celestial; tenga argumento para anular todo proceso por el que estés apelando en el nombre de Jesús.

Los Principios De La Comunicación Divina

Debo insistir en esto, cada nivel de comunicación divina tiene su requisito, el de las apelaciones tiene un requisito el cual está enfocado más a terminología jurídica celestial porque la Iglesia en su primera mención, como ya lo expliqué plenamente en el libro anterior, tiene su origen en la base de una estructura jurídica. Jesús estableció en la primera mención de la Iglesia, el énfasis al decir **MI IGLESIA**, porque no era una extensión de lo que hasta ese momento se conocía como tal.

- **La oración**: es perdonar a los que te han ofendido así como Dios te perdona; en caso contrario tus oraciones serán estorbadas.
- **El clamor**: es llamar la atención de Dios, hacer que El voltee a verte cuando estés clamando bajo la perspectiva de lo que enseñé en los capítulos anteriores.
- **El gemido**: es ser guiado por el Espíritu Santo.
- **La intercesión**: es negarse a sí mismo, ser sensible, etc.
- **La apelación**: es la solvencia jurídica personal espiritual y tener un básico conocimiento de la esfera judicial espiritual, de la corte suprema de justicia en el cielo.

La Primera Mención De La Iglesia

Esta fue la primera vez que Cristo traslada a Sus discípulos la idea y concepto de Iglesia pero desde el punto de vista **MI IGLESIA**, aunque he mencionado mucho este punto, es necesario mencionarlo para efectos didácticos y saber de qué manera está conformado todo esto.

Mateo 16:18 Yo también te digo que tú eres Pedro, y sobre esta roca edificaré **mi iglesia**; y las puertas del Hades no prevalecerán contra ella. ¹⁹ Yo te daré las llaves del reino de los cielos; y **lo que ates en la tierra**, será atado en los cielos; y **lo que desates en la tierra**, será desatado en los cielos. ²⁰ Entonces ordenó a los discípulos que a nadie dijeran que El era el Cristo.

La revelación es sólo para la Iglesia de Cristo, es decir que debes pertenecer a la Iglesia para tener derecho de actuar como tal. El problema es hablar como Iglesia y no funcionar bajo esa perspectiva, ¿por qué muchas congregaciones no actúan como Iglesia?, quizá porque al tener todo ese derecho que le compete a la Iglesia, deben enfrentar un ambiente legislativo, jurídico, espiritual cuando Jesús dice **MI IGLESIA**, con algo que lleva el poder de decretar, atar y desatar; así empieza pero de igual forma tiene un ciclo que termina en el nivel de las apelaciones.

¿Por qué dijo Jesús MI IGLESIA?

Para hacer la diferencia de algo u otra Iglesia que ya se conocía o existía.

La interpretación incompleta de Iglesia es:

1.- Ekklesia #1577 significa: Llamar fuera o llamados a salir de...

Pero realmente es más que eso porque desde el momento en que Jesús dijo **MI IGLESIA**, está dejando en claro que existen organizaciones que les llamaron de esa forma, pero la Iglesia de Cristo no es una organización sino un organismo que Dios le dio vida.

2.- En Roma Atenas: la Iglesia era la asamblea de ciudadanos que se reunían para discutir asuntos de carácter político, jurídico y legislativo.

3.- Del griego Ekklesia: asamblea, se derivó también una palabra en hebreo moderno **Knesset** que significa Parlamento.

Entonces la razón por la cual Jesús dice **MI IGLESIA**, es porque principalmente no sería política.

Lo que voy a decir es una declaración muy delicada por lo cual suplico que si critica o refuta, pido que antes se tome el tiempo para investigarlo primero y no vaya a criticar ignorantemente.

1. La palabra Iglesia no la inventó Jesús, era común en esos días.

2. La palabra Iglesia tenía un concepto político.

3. La palabra Iglesia era una idea griega que estaba íntimamente relacionada con gobierno político.

4. Inventada por filósofos griegos que se encargaban de estudiar la conducta humana, como Platón y Sócrates, cuando inventaron la democracia.

5. Así como Aristóteles pensadores griegos.

6. Así como la democracia fue idea de controlar las masas.

La Iglesia verdadera

La Iglesia es entonces el organismo encargado de la restauración global; Cristo la llamo **MI IGLESIA (Mateo 16:18)**.

El Tribunal Superior de las Apelaciones Espirituales

- Con la ayuda de una entidad jurídica (leyes) a lo que Jesús le llama el **PARACLETO** #3875 (Consejero para defensa, asistente legal, abogado).

- Significa abogado.

Jesús dijo **Mi Iglesia** porque ya existía la de Herodes.

El concepto e idea popular de Iglesia en los días de Herodes, era una entidad política pero no a la usanza de la política actual, sino como conocedora de las leyes del sistema del reino de Dios.

La Iglesia es una entidad jurídica espiritual

1 Corintios 6:2-5 (LBLA) ¿O no sabéis que los santos han de juzgar al mundo? Y si el mundo es juzgado por vosotros, ¿no sois competentes para *juzgar* los casos más triviales? **3** ¿No sabéis que hemos de juzgar a los ángeles? ¡Cuánto más asuntos de esta vida! **4** Entonces, si tenéis tribunales que juzgan los casos de esta vida, *¿por qué* ponéis por jueces a los que nada son en la iglesia? **5** Para vergüenza vuestra *lo* digo. *¿Acaso* no hay entre vosotros algún hombre sabio que pueda juzgar entre sus hermanos…

La Iglesia de Cristo debe operar bajo el conocimiento de las leyes del sistema del reino de Dios. Todo esto está ampliamente detallado en el libro anterior que Dios me permitió escribir y que titulé, **LAS PUERTAS DEL HADES NO PREVALECERÁN CONTRA MI IGLESIA**.

El Nivel De Las Apelaciones y Su Esfera Jurídica

Desde aquí estarás viendo más detenidamente la mentalidad jurídica que debe existir en el nivel de las apelaciones, pidiendo a favor de otros así como también a favor de tu persona y de tu familia.

La dimensión de las apelaciones

Es donde se cancelan sentencias, juicios, brujería, ataques, todos los proyectos satánicos que hayan levantado, esté levantando o pretendan levantar, por eso es importante conocer la mentalidad legislativa de Dios, quien te permite ver en la Biblia a través de ejemplos, términos, palabras, etc., que vienen de parte Suya con el propósito que no tengas en poco esos principios.

¿Por qué es importante entrar

El Tribunal Superior de las Apelaciones Espirituales

al régimen de los derechos?

- Porque el mundo espiritual rige por leyes espirituales; nada surge en contra tuya si en el cielo no lo han aprobado; no se trata de que Dios tenga una voluntad permisiva, ese término fue inventado por la teología, la voluntad permisiva de Dios no existe, lo que existe en un mundo espiritual donde rigen las leyes espirituales a consecuencia de los considerandos. Por eso debes tener presente que el diablo no puede tocar tu vida solamente porque él quiere hacerte daño.

El diablo puede ensancharse después que ha sometido en proceso todos los argumentos que tiene en contra de una persona, pero es como un expediente incompleto que presenta esperando un fallo a su favor porque no pierde una sola oportunidad; el trabaja en base a la observación y si encuentra una actitud que está fuera de la forma de vida que debe llevar el cristiano, entonces ve las violaciones que comete y Dios que es juez justo, que cubre pero no encubre, entonces autoriza lo que el reino de las tinieblas está solicitando lo cual es la intervención de una vida a través de un espíritu inmundo, un demonio, etc.

Pero el diablo siempre recibe condicionantes para que no destruyan la vida de determinado cristiano, se le permite para que aquella tormenta y haga reflexionar a esa persona.

- Porque es donde hay argumentos a favor o en contra de la persona de la cual se está solicitando por parte de las tinieblas para destrucción.

- Este es el nivel donde el intercesor comienza a fluir en guerra espiritual para pedir a Dios sea revocado todo proyecto maligno de las tinieblas a favor de otros o del mismo intercesor.

- Dios te recompensará en calidad de intercesor y pondrá mucha atención a tus apelaciones por cuanto estuviste negándote a ti mismo en tus necesidades durante las intercesiones.

- Debes saber que hay un momento en el que estás con la armadura de Dios peleando guerras espirituales, hay otro momento para ponerte las vestiduras sacerdotales para interceder por otros, pero hay un momento en el cual debes vestirte con legalidad, jurídico espiritual y tener presente todo lo concerniente al régimen jurídico de las leyes espirituales para desbaratar todo argumento contrario a la persona por la que estés apelando y así poder revocar todo proyecto diabólico.

- Todos los niveles de comunicación divina son extraordinarios, pero el nivel de las apelaciones es extraordinario, tanto así que, aunque alguien esté cansado por su jornada de trabajo secular, de pronto recibe las fuerzas del cielo para entrar en la intercesión y por la misma consciencia que tienes de ser un intercesor, sabes que de pronto estarás en la corte celestial presentando la apelación a favor de aquella persona por la que tanto has orado.

- Una vez que has solventado la apelación por aquella persona que tanto necesitaba que le fueran revocadas sus acusaciones por parte de Satanás; ahora puedes llegar y apelar ahí mismo por ti, quizá mientras estabas intercediendo hubo mucho ataque a tu vida, mucho contragolpe y entonces presentas a Dios la apelación para que sea el juez justo quien anule todo ataque que sufriste mientras ayudaste a otros. Dios verá tu causa con amor y puedes esperar una revocación total para salir solvente y así empezar nuevamente por otra persona necesitada.

Las Apelaciones y El Régimen Jurídico de Los Derechos Espirituales

Es una dimensión en donde se pueden cancelar las sentencias, los juicios, los decretos y las condenas.

Cuando ves que has estado bajo ataques, males, enfermedades y una serie de situaciones negativas, es cuando debes apelar.

Lo jurídico

Dentro del orden jurisdiccional existen diferentes instancias ordenadas de forma jerárquica. Esto significa que la decisión de un órgano jurisdiccional puede ser revisada por uno superior y anular o revocar lo que se decretó en contra tuya a consecuencia de haber batallado como un verdadero intercesor espiritual de Dios.

El tribunal y la dimensión jurídica de las apelaciones
(base de ese tribunal)

El Tribunal Superior de las Apelaciones Espirituales

Salmo 82:1 Salmo de Asaf. Dios ocupa su lugar en su congregación; El juzga en medio de los **jueces**.

Si Dios juzga en medio de los jueces, El es el jefe de todos los jueces, ¿quiénes serán esos jueces? Por eso mencioné anteriormente que en determinado momento es importante que te dispongas a tener vestiduras legislativa.

Salmo 82:1 (Amplificada) DIOS se pone de pie en la asamblea [de los representantes] de Dios; en medio de los magistrados o jueces, él juzga [como] entre los **dioses**.

Salmo 50:6 Y los cielos declaran su justicia, porque Dios mismo es el juez. (Selah)

Salmo 75:7 ...sino que Dios es el juez; a uno humilla y a otro ensalza.

De aquí entonces la importancia de tener solvencia para que el diablo no tenga como votar tu apelación; claro que Dios te ayudará pero tú debes hacer lo que te corresponde hasta donde se pueda humanamente hablando y El se encargará de los imposibles.

Juicio

Es el término legal que describe el proceso judicial, si la persona es culpable o Inocente.

Para entender los procesos judiciales es necesario familiarizarte con la terminología desde la base de las palabras justicia, juicio, etc.

Por ejemplo:

¿Dónde y cómo se autorizan los milagros, sanidades, liberaciones, protecciones, etc. en los creyentes?

¿Por qué hay gente que experimenta ataques, enfermedades, muertes, calamidad más prolongadas, más fuerte o más constantes que otros?

Si el enemigo ha tomado ventaja, aunque no sea propiamente de tu vida, sino que es consecuencia de una puerta abierta ancestral, ahora es necesario que alguien la cierre; no tuviste ninguna culpa para recibir determinado tipo de ataque satánico, pero como el enemigo tiene los derechos ancestrales, te atacará hasta el momento en que te presentes en una corte apelando esa situación para que sea revocada y salgas completamente libre.

Juicio también es un lugar donde se procesan las intervenciones de Dios a favor de un creyente y/o las actas de autorización a Satanás y sus huestes, sobre personas.

- Se discuten y se presentan pruebas.

- Se define qué tipo de intervención se realizará.

- Es también un lugar dimensional donde se puede romper con cualquier cautividad contraria a la persona por la cual estás intercediendo, es la razón principal de las apelaciones.

El Escenario De Las Apelaciones

Conocer a Dios como juez, es entrar a la parte jurídica de Su reino porque es la dimensión del régimen de derechos espirituales donde la persona que tiene la última palabra, es Dios como juez justo; es el lugar de argumentos legales donde hay entidades que forman parte del procedimiento jurídico, es donde lo terrenal cobró sombra de lo espiritual, es la corte celestial pero más compleja y el cuadro en escena es el siguiente:

1. El juez:	Dios Padre.
2. Abogado defensor:	Dios Hijo (Cristo).
3. Fiscal acusador:	Satanás.
4. Acusado:	El creyente.
5. Autoridades:	Ministerios Primarios
6. Tribunal:	Ayudas ministeriales.
7. Testigos:	Espiritus.

A este respecto y a detalle está en el libro que Dios me permitió escribir el cual titulé **EL RÉGIMEN JURÍDICO DE LOS DERECHOS ESPIRITUALES**, es el libro número 4 de 12 libros en una colección para equipamiento integral para combatientes de liberación.

El Orden Jurisdiccional De Las Apelaciones

En este punto es necesaria la explicación de lo jurisdiccional de las apelaciones para mantener una mentalidad legislativa. Debes saber que si existe en la Tierra, es porque existe en el cielo; recuerda que la misma Biblia dice que lo visible fue hecho de lo invisible. Solamente para mencionar un ejemplo, el Tabernáculo de Moisés fue construido en base a las medidas exactas de lo que está en el cielo; de la misma forma es el orden jurisdiccional de las apelaciones.

Dentro del orden jurisdiccional existen diferentes instancias ordenadas de forma jerárquica, esto significa que la decisión de un órgano jurisdiccional puede ser revisada por uno superior.

Eso significa que si se ha cometido una injusticia en contra tuya y se ha dictado sentencia en base a pruebas falsas, en el cielo lo revisan a detalle pero no solamente en lo que respecta al mundo espiritual, sino que Dios revisa y si encuentra una injusticia, El actúa a favor tuyo desde Su trono para que tenga influencia en lo físico. Esto incluye aquellos casos de gente que está encarcelada injustamente, gente que se haya levantado con pruebas falsas en contra tuya para difamarte; también tiene una revisión en el tribunal de Dios.

Debes saber que Dios puede abrir la cárcel de los que están en los centros penitenciarios si se ha hecho injusticia; piensa que si puede abrir cárceles espirituales que son un nivel más alto, ¿cómo no podrá hacerlo en lo físico?, Dios es especialista en imposibles, es el único que posee esa especialidad.

Eclesiastés 5:8 (BTX) Si ves la opresión a los pobres, y la perversión del derecho y la justicia en alguna provincia, no te turbes a causa de esto, porque **sobre el alto vigila otro más alto, y hay Alguien aún más alto que ellos**.

Aquí puedes ver diferentes niveles de instancia jurídica, una más alta que otra, la más alta es la corte suprema de justicia celestial, es el nivel de las apelaciones.

Toda la Iglesia de Cristo está sujeta a revisión, hoy tienes autoridad en determinado nivel, como padre de familia quizá, como ministro de Dios en lo cual es necesario tener mucho cuidado porque las ovejas que tiene un pastor, fue Dios quien se las encomendó, por consiguiente no son propiedad suya, no hay razón por la cual un pastor pretenda imponer un poder imperativo sobre las ovejas, al punto de obligarlas a que estén pidiendo permiso para que hagan cosas básicas. Sobre toda injusticia que se cometa contra gente que reconozca la autoridad que Dios te ha delegado, darás cuentas, porque sobre ti está otro más alto y sobre ese alto hay otro más alto.

Si tienes ovejas que Dios te ha confiado para que las cuides, protejas, guíes, para desparasitarlas, para pelear en contra de las bestias que las atacan, para que les ayudes a caminar en rectitud y por supuesto, también para disciplinarlas pero en el orden de Dios no para proyectarse en contra de las ovejas con saña, con ira o por carnalidad. Si cometo una injusticia en contra de una oveja, tengo cobertura ministerial que está llamada a supervisar los actos de injusticia que cometo, pero si esa cobertura no cumple con su función o comete una injusticia conmigo o con una oveja, también se lo demandarán.

Apelaciones

Esta palabra está reflejada en la Biblia bajo una identidad que puedes encontrar con la palabra **INVOCAN**.

G1941 Epikaleo o Epicaleo.

EPI significa: más allá.

Kaleo: Es llamar, invocar, clamar, pedir, rogar.

1 Pedro 1:17 (BAD) Y recuerden que el Padre celestial que **invocan** no hace acepción de personas cuando juzga. El juzgará sus acciones con perfecta justicia. Así que actúen con temor reverente mientras peregrinan rumbo al cielo.

2 Timoteo 2:22 (LBA) Huye, pues, de las pasiones juveniles y sigue la justicia, la fe, el amor y la paz, con los que **invocan** al Señor con un corazón puro.

El término **EPIKALEO** que traducido es **CLAMAR MÁS ALLÁ**, es como decir, **LLEGAR**

HASTA LA CORTE SUPREMA DE JUSTICIA, o como decir **APELAR EN LA CORTE SUPREMA DE JUSTICIA CELESTIAL**, es el lugar a donde puedes llegar más allá del lugar donde te hicieron una injusticia, donde te han acusado, donde te han menospreciado o despreciado, donde te han pagado mal por el bien que has hecho, eso es lo que significa el **EPIKALEO** en cuanto a llegar más allá.

En el mundo existen diferentes niveles de cortes de justicia, de tal manera que puedes llegar a la más alta y aún ahí encontrar injusticia porque son guiadas por el hombre, por humanismo, etc., pero existe una corte donde no se cometen errores porque es Dios el juez justo quien dictamina y tiene la última palabra sobre todos los casos que le presentan.

Por eso, si en la Tierra recibiste una condenación injusta, es el momento de llegar delante de Dios para apelar porque desde Su trono de justicia, lo juzga todo para poner orden, por eso dice la Biblia:

Proverbios 20:8 (Amplificada) Un rey que se sienta en el trono del juicio saca todo mal [como paja] con sus ojos.

El Tribunal Superior de las Apelaciones Espirituales

Proverbios 20:8 (NTV) Cuando el rey se sienta a juzgar en el tribunal, analiza todas las pruebas, y separa lo malo de lo bueno.

EL PODER DE LA INVOCACIÓN Y/O APELACIÓN

Romanos 10:13 ...porque: TODO AQUEL QUE **INVOQUE** (*1941 apelar*) EL NOMBRE DEL SEÑOR SERA SALVO.

Salvo G4982 sózo: Salvar, librar o proteger (literalmente o figurativamente): hacer salvo, misericordia, preservar, sanar, sano.

- Invocar para salvación eterna.

- Invocar para ser salvo de todo mal o peligro.

- De manera que va implícita la apelación.

Las palabras con relación a **APELAR**, tanto en pasado, presente y futuro, aparece 38 veces en el Nuevo Testamento, de hecho Jesús utilizó el término cuando estaba siendo juzgado frente a las autoridades romanas y dice:

Mateo 26:53 (TNM) ¿O crees que no puedo **apelar** a mi Padre para que me suministre en este momento más de doce **legiones** de ángeles?

Es muy interesante que, una legión romana completa tenía 6,100 hombres a pie y 726 hombres a caballo, en total 6,826 elementos, y si a esto le añado lo que dice este versículo:

Isaías 37:36 (LBLA) Y salió el ángel del SEÑOR e hirió a **ciento ochenta y cinco mil** en el campamento de los asirios; cuando *los demás* se levantaron por la mañana, he aquí, todos eran cadáveres.

Con un simple cálculo matemático, puedes ver que la mortandad para el ejército romano en ese momento estaba destinada para dejarlos diezmados porque cada ángel puede matar a 185,000 elementos, según lo que viste en Isaías 37:36, eso multiplicado por 6,826 que constituía una legión = 1,262.810,000 eso multiplicado por 12 legiones que estaba dispuesto Jesús a apelar delante del trono de Dios; hubieran muerto en ese momento 15,153.720,000 soldados del ejército romano, en realidad desconozco el número de elementos del ejército romano para ese entonces, pero el punto es que sólo en ese momento hubiera muerto esa cantidad.

Por eso le estoy dando la importancia que se debe a la oración, a la intercesión, considerando también que este punto tiene enemigos, obviamente que el principal es Satanás, lamentablemente también hay burladores porque la misma Biblia habla de los burladores del evangelio en **Judas 1:18**.

Debes estar consciente que la oración te mantiene sensible y guiado por el Espíritu Santo, con temor reverente a Dios haciendo Su voluntad y obedeciéndole por amor, por eso son los ataques contra la intercesión y la oración porque las tinieblas conocen que hay niveles de comunicación divina y cuando llegas finalmente a la intercesión, estás a punto de llegar al nivel de las apelaciones donde, si tienes los argumentos jurídicos espirituales, podrás revocar lo que Satanás logró hacer en contra tuya o en contra de la persona por la que estás intercediendo.

La Definición De La Apelación

Desde el punto de vista literal judicial, este es el concepto que define la apelación:

La apelación es un recurso procesal a través del cual se busca que un tribunal superior revoque, confirme y enmiende, conforme a derecho, la resolución de un tribunal inferior.

Cuando un juez o tribunal emite una resolución judicial, es posible que alguna de las partes implicadas no esté de acuerdo con la decisión, En este caso, habitualmente, la parte puede hacer uso de la apelación, a través de la cual se recurre a un órgano jurisdiccional superior para que revise el auto judicial o la sentencia y, si estima que tiene defectos, la corrija en consecuencia.

Si estima que tiene falsedad, que no se dio un proceso correcto y legal, que no se te permitió clamar misericordia, etc., entonces cuando ese órgano jurisdiccional superior lo ve, puede corregir la sentencia y haya algo diferente para tu vida.

La apelación es un recurso ordinario, es decir, la ley lo admite por regla general contra toda clase de resoluciones. Además, es un recurso constitutivo de instancia, lo que significa que el tribunal superior puede pronunciarse sobre todas las cuestiones de hecho y derecho que han sido discutidas en el proceso.

En otras palabras, no está limitado sólo a revisar la aplicación correcta de la ley, sino también a revocarla porque es un derecho que tienes en tu calidad de hijo de Dios, si sabes que te han hecho una injusticia, aunque también tienes alguna participación pero por falta de conocimiento; puedes llegar delante de Dios a apelar y decirle a Dios que si habrá una sentencia que venga directamente de Su mano, una disciplina que la

El Tribunal Superior de las Apelaciones Espirituales

pases porque Él la pidió y no por la burla de los hombres y que por un corazón entenebrecido, ganaron el juicio en contra tuya.

Es por eso que una vez que Dios revisa el proceso por el cual estás apelando, puede revocar la sentencia, como ya lo señalé, y como consecuencia puede demandar a los que te acusaron injustamente para que paguen todo el daño que te pudo causar en todas las áreas de tu vida. Por esa razón es que, antes de entrar a la apelaciones, es necesario que te examines internamente para que Satanás no tome ventaja sobre ti en ningún momento.

Esa es la razón por la que dejé el ejemplo de lo que sucede en algunos edificios federales en Estados Unidos de América, si la persona que ingresa tiene deudas con la ley por cualquier razón, es mejor que no entre porque al ingresar lo tomarán como un acusado, como alguien que es motivo para enjuiciarlo y el trámite que pensaba realizar, no solamente quedará sin poderlo realizar, sino que esa persona será motivo para buscarle un abogado para que lo ayude.

Satanás no está jugando para ver si te hace daño, su propósito es destruirte porque sabe el poder que Dios te ha delegado; razón por la cual su principal arma es el engaño, la mentira, él es especialista en esas áreas de las tinieblas, pero si andas en integridad, tendrás el respaldo del Señor Jesucristo.

Algunos personajes bíblicos que apelaron

- **La apelación del Apóstol Pablo** - Hechos 25, cuando Pablo estaba prisionero para ser condenado, recurrió a su derecho como ciudadano romano y apeló al César.

Hechos 25:10-12 Entonces Pablo respondió: Ante el tribunal del César estoy, que es donde debo ser juzgado. Ningún agravio he hecho a los judíos, como también tú muy bien sabes. [11] Si soy, pues, un malhechor y he hecho algo digno de muerte, no rehúso morir; pero si ninguna de esas cosas de que éstos me acusan es verdad, nadie puede entregarme a ellos. Apelo al César. [12] Entonces Festo, habiendo deliberado con el consejo, respondió: Al César has apelado, al César irás.

La historia deja ver el proceso judicial hasta la apelación de Pablo en Hechos capítulos 25, 26, 27 y 28:

- Sacerdotes y judíos influyentes acusaban a Pablo.

El Tribunal Superior de las Apelaciones Espirituales

- Festo escuchó la acusación contra Pablo (Festo Poncio era un funcionario romano en el gobierno de Judea).
- Fue escuchado también por el rey Agripa.
- Pablo hizo la apelación al César.
- Lo enviaron en una embarcación al César.
- Se desató una tormenta y un ángel lo libró de la muerte.
- Hasta que llegó ante el tribunal de las apelaciones y lo declararon libre.

Fueron anuladas todas las acusaciones en el tribunal de las apelaciones. Así tú también tienes una corte superior celestial a la que puedes apelar.

- **La apelación de la Reina Ester** - Ester 7:3-6 apeló por el pueblo judío.

En la misma base de la apelación que Pablo hizo ante la corte de apelación del César, igualmente sucedió con la reina Ester en el Antiguo Testamento para revocar los planes de Amán, un enemigo del pueblo judío y de sus costumbres, por cuanto Amán era un epíteto de Satanás, atacaba a los judíos como hoy los Amán modernos también atacan a la Iglesia de Cristo burlándose de todo lo que haces por buscar a Dios, por alabarlo, adorarlo, servirle, etc.

La reina Ester apela contra enemigos espirituales y físicos de su pueblo Israel, enemigos que acusan, enemigos que intentan afectar todas las áreas de tu vida y de otros por los cuales apelas. Parecería ilógico que alguien buscando a Dios tenga toda la opresión del diablo porque está llevando su vida en el orden divino y que una persona mundana pueda acusar al cristiano; sin embargo puede darse en caso, razón por la cual Dios permite que te presentes delante de El, en el tribunal celestial para que toda falsa acusación sea revocada por orden del juez justo, Dios Padre.

Observa la estrategia de Satanás:

Ester 3:8 (LBA) Y Amán dijo al rey Asuero: Hay un pueblo esparcido y diseminado entre los pueblos en todas las provincias de tu reino; sus leyes son diferentes de las de todos los demás pueblos, y no guardan las leyes del rey, así que **no conviene al rey dejarlos vivos**.

Amán pretendía que el rey fuera engañado para que emitiera su edicto y así no pudiera ser cambiado para que los israelitas desaparecieran a muerte por la mano del ejército del rey Asuero.

Ester 7:3-6 (LBA) Respondió la reina Ester, y dijo: Si he hallado gracia ante tus ojos, oh rey, y si le place al rey, que me sea concedida la vida según mi **petición**, y la de mi pueblo según mi deseo...

Petición: H7596 sheelá H7596 (Brown-Driver-Briggs): Solicitud, cosa solicitada, petición, demanda.

El significado de **PETICIÓN**, tiene un trasfondo en sinónimo de apelación.

Debes saber que si Dios te ha permitido un privilegio y de pronto no sabes cuál es la razón, primero debes ponerte delante de Dios para suplicarle te lo revele y una vez sepas la razón de tanta bondad, obres en pos de aquello por lo cual fuiste alcanzado como le sucedió a la reina Ester. Ella estaba a salvo junto a rey Asuero, pero también sabía que podía apelar a favor de su pueblo para que pudieran vivir.

Hoy Satanás se está oponiendo a que sigas dando testimonio con tu vida, acerca de las bondades de Dios, acerca de Su poder a través de tu vida porque es por medio de tu fe en Dios, que puedes cambiar los ambientes, pero Satanás se está oponiendo a que sigas enseñando que el Señor Jesucristo viene en breve y que aún hay oportunidad si la gente se arrepiente hoy, tanto los inconversos como los cristianos que se han apartado.

Hoy es el tiempo para que sean restaurados los altares que se han caído en los hogares y aún en las congregaciones que han dejado de orar como conviene, son congregaciones con una agenda llena de actividades de acuerdo a sus propósitos, pero no a los propósitos de Dios porque ha dejado de escuchar la voz de Su Iglesia, aunque también hay estorbos por parte del enemigo con vasos que él usa del mundo para pretender callarte y que no se escuche del poder sanador de Dios.

Pero recuerda que si apelas y te presentas delante de Dios, presentas las cartas de injusticia que se han firmado y se han levantado en contra tuya; Dios Padre, el juez justo que todo lo juzga en justicia, te dará la victoria.

Ester 7:4-6 (LBA) ...porque hemos sido vendidos, yo y mi pueblo, para el exterminio, para la matanza y para la destrucción. Y si sólo hubiéramos sido vendidos como esclavos o esclavas, hubiera permanecido callada, porque el mal no se podría comparar con el disgusto del rey. **5** Entonces el rey Asuero preguntó a la reina Ester: ¿Quién es, y dónde está el que pretende hacer tal cosa? **6** Y Ester respondió: **¡El adversario y enemigo es este malvado Amán!** Entonces Amán se sobrecogió de terror delante del rey y de la reina.

El Tribunal Superior de las Apelaciones Espirituales

- Las escrituras muestran que Ester presentó su apelación ante el rey Asuero y él la escuchó, de tal manera que se descubrió el modus operandi de Satanás obrando a través de Amán.

- La Biblia dice que fue **revocada** la orden de destrucción por el rey Asuero y le extendió el cetro de la misericordia a Ester y al pueblo israelita.

El diablo busca poner en sentencia a la gente que sus costumbres son servir a Dios. Este es el momento donde necesitas que sean revocadas las sentencias del mundo espiritual, por medio de las apelaciones que haces delante de la corte suprema de justicia celestial, hoy puedes hacer lo mismo que hizo Ester, entró al trono de las apelaciones.

- **La apelación de Las hijas de Zelofehad** - Números 27:1 por la heredad.

Se presentaron delante de Moisés y los líderes, tribunal que dictó sentencia, es decir que, a través de Moisés se había dictaminado que las mujeres no heredaran.

Este es el momento donde necesitas que sean revocadas las sentencias del mundo espiritual por medio de las apelaciones que harás delante de la corte suprema de justicia celestial.

Este tipo de apelación tiene que ver con herencias espirituales y físicas que puedes apelar cuando, por injusticia, no son entregadas o por la oposición del mundo de las tinieblas, sean estas herencias materiales o espirituales.

Números 27:1-2 (LBA) Entonces las hijas de Zelofehad, hijo de Hefer, hijo de Galaad, hijo de Maquir, hijo de Manasés, de las familias de Manasés, hijo de José, se acercaron; y éstos eran los nombres de sus hijas: Maala, Noa, Hogla, Milca y Tirsa. ² **Y se presentaron** delante de **Moisés**, delante del **sacerdote Eleazar**, delante de **los jefes** y de toda **la congregación**, a la entrada de la tienda de reunión, diciendo:

Las instancias judiciales:

1. Moisés.
2. El sacerdote.
3. Los jefes (sanedrín).
4. La congregación.

Números 27:3-4 (LBA) Nuestro padre murió en el desierto, aunque no estuvo entre el grupo de los que se juntaron contra el SEÑOR, en el grupo de Coré, sino que murió por su pecado, y no tuvo hijos. **4** ¿Por qué ha de desaparecer el nombre de nuestro padre de entre su familia sólo porque no tuvo hijo? **Dadnos herencia** entre los hermanos de nuestro padre.

En aquel entonces los que recibían herencia, eran solamente los varones, a lo cual ellas dijeron que no era justo que pagaran algo que no habían hecho. Moisés las escuchó y consideró que esto tenía que pasar a la corte suprema de justicia celestial, dónde Dios es el juez y presentó hasta allá la apelación de estas mujeres.

- Hay apelaciones que se pueden presentar por causa de situaciones de familia.

- Asuntos de familia implican cosas que tratan con ancestros.

Pero… ¡**LA APELACION SE PRESENTA A UN ÓRGANO SUPERIOR!**

La apelación familiar

Hay cosas que tienen que ver con tu familia; quizá no sabías que tu bisabuelo tuvo serios problemas de alcoholismo el cual no se manifestó en tu abuelo ni en tu padre hasta que naciste se volvió a ver la misma situación, pero como difícilmente habrá alguien para testificar, Satanás aprovecha esa desventaja y empieza a esclavizarte en eso, pero realmente no tienes la culpa, es entonces cuando puedes apelar delante de Dios para revocar esa sentencia, quizá fue una maldición que ha venido en forma silenciosa hasta que apareciste tú en escena, en tu familia, pero también es la oportunidad para romperla y que no siga hacia tu descendencia.

Moisés presentó la apelación a la corte superior de Dios, el único que podía revocar esa ley en contra de las mujeres, las hijas de Zelofehad.

Números 27:5-7 (LBLA) Y Moisés presentó su caso ante el SEÑOR. **⁶ Entonces el SEÑOR habló a Moisés, diciendo: ⁷ Las hijas de Zelofehad tienen razón** en lo que dicen. Ciertamente les darás herencia entre los hermanos de su padre, y pasarás a ellas la herencia de su padre.

Apelación especial

La apelación cambió la sentencia y la ley para las futuras generaciones. Recuerda que Dios no es ajeno a tu situación o a la situación de la persona por la cual estás apelando; entonces cuando El revisa aquel expediente, como sucede en una corte en lo natural; examina todo y revoca cualquier cosa que te ha estado deteniendo las bendiciones con lo cual recibirás tu bendición y bendecirás a futuras generaciones.

¡LA APELACION LLEGÓ MÁS ALLÁ DE LO QUE ELLAS PIDIERON!

Por eso no puedes quedarte con una oración religiosa como algunos pretenden, es necesario que aproveches los niveles de la comunicación divina y en cada nivel encontrarás experiencias extraordinarias, solamente recuerda cuidar tu vida bajo la perspectiva que eres templo del Espíritu Santo, por consiguiente no debes permitir que las tinieblas entren a tu mente ni corazón para anidar situaciones pecaminosas porque debes estar limpio para presentarte en el nivel de las apelaciones sin que Satanás, el fiscal acusador, tenga argumentos para invalidar tus argumentos donde apelas las situaciones que han sido contrarias a ti o a la persona por la que intercedes.

Números 27:8-10 (LBLA) Además, hablarás a los hijos de Israel, diciendo: "Si un hombre muere y no tiene hijo, pasaréis su herencia a su hija. [9] "Y si no tiene hija, entonces daréis su herencia a sus hermanos. [10] "Y si no tiene hermanos, entonces daréis su herencia a los hermanos de su padre. [11] "Y si su padre no tiene hermanos, entonces daréis su herencia al pariente más cercano en su familia, y él la poseerá. Y será NORMA DE DERECHO para los hijos de Israel, tal como el Señor ordenó a Moisés."

¡LA APELACIÓN PUEDE BENEFICIAR A FUTURAS GENERACIONES!

Esto es lo que puede hacer el poder de la apelación. Llegar a este nivel es posible si desarrollas los niveles de la comunicación divina en el orden de Dios, cumpliendo los requisitos que describí anteriormente.

Veredicto

1. Veredicto es la decisión final pronunciada por un juez o jurado sobre la inocencia o culpabilidad de un acusado o sobre un hecho en litigio.

2. También es un dictamen o juicio emitido reflexivamente por una persona con autoridad.

Es necesario aprender a romper con las decisiones y argumentos que presenta el régimen jurídico de los derechos espirituales en contra de tu economía, familia, salud, etc.

Con esto puedo concluir diciendo que entonces no puedes negar el hecho que existe el mundo de los

El Tribunal Superior de las Apelaciones Espirituales

espíritus y todo lo que hasta aquí has podido leer, aprender y estudiar; de tal manera que esto revela que Dios y Sus ejércitos de ángeles guerreros, así como Satanás y su séquito de demonios (por la parte que ocupa como fiscal acusador), tienen reuniones bajo la perspectiva de un grupo que analiza asuntos de carácter jurídico espiritual, por las apelaciones que reciben para resolver veredictos de los hombres en la Tierra; pero Dios resolverá a favor tuyo, no te dejará avergonzado delante de tus enemigos.

LIBROS DE LA SERIE
Equipamiento Integral para Combatientes de Liberación

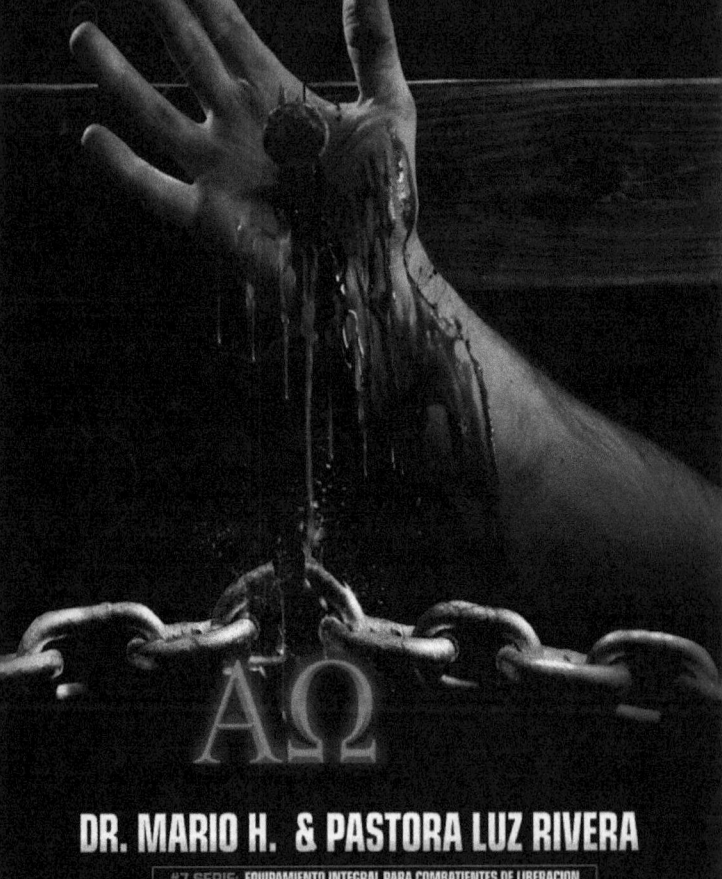

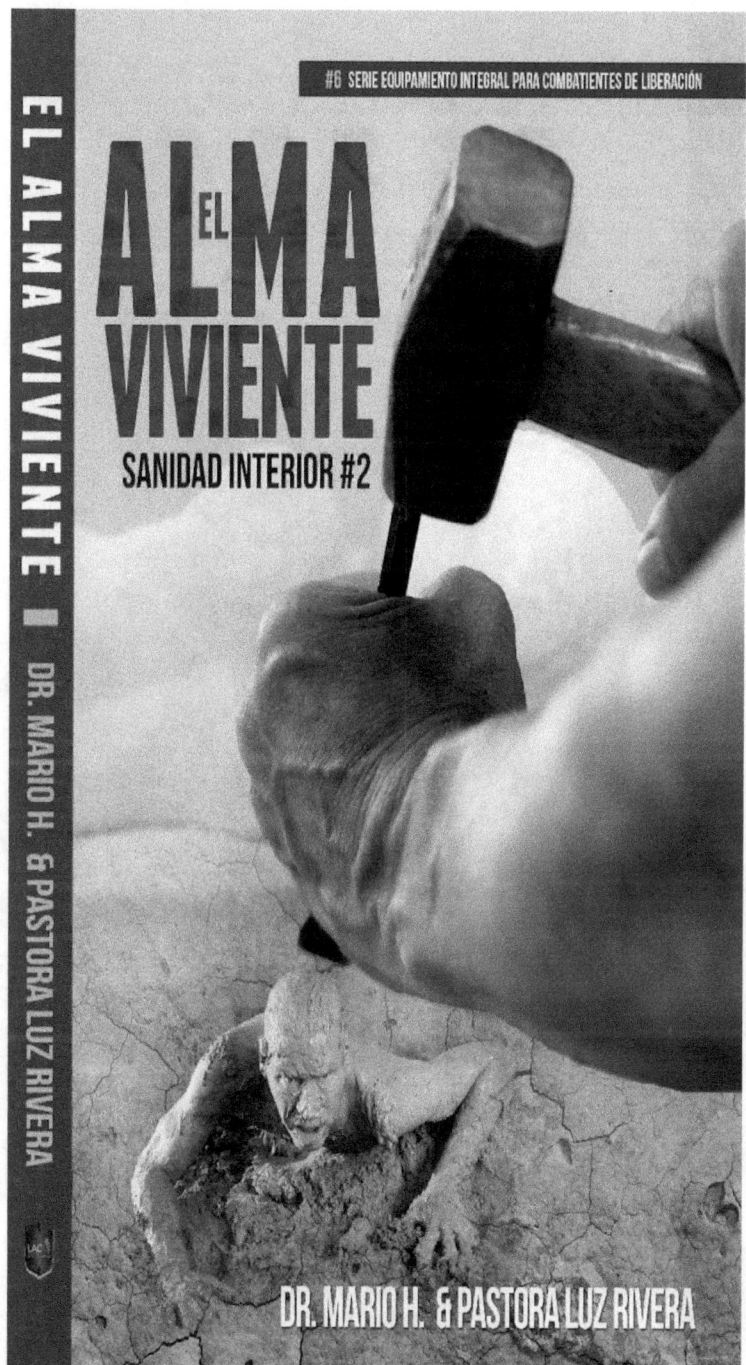

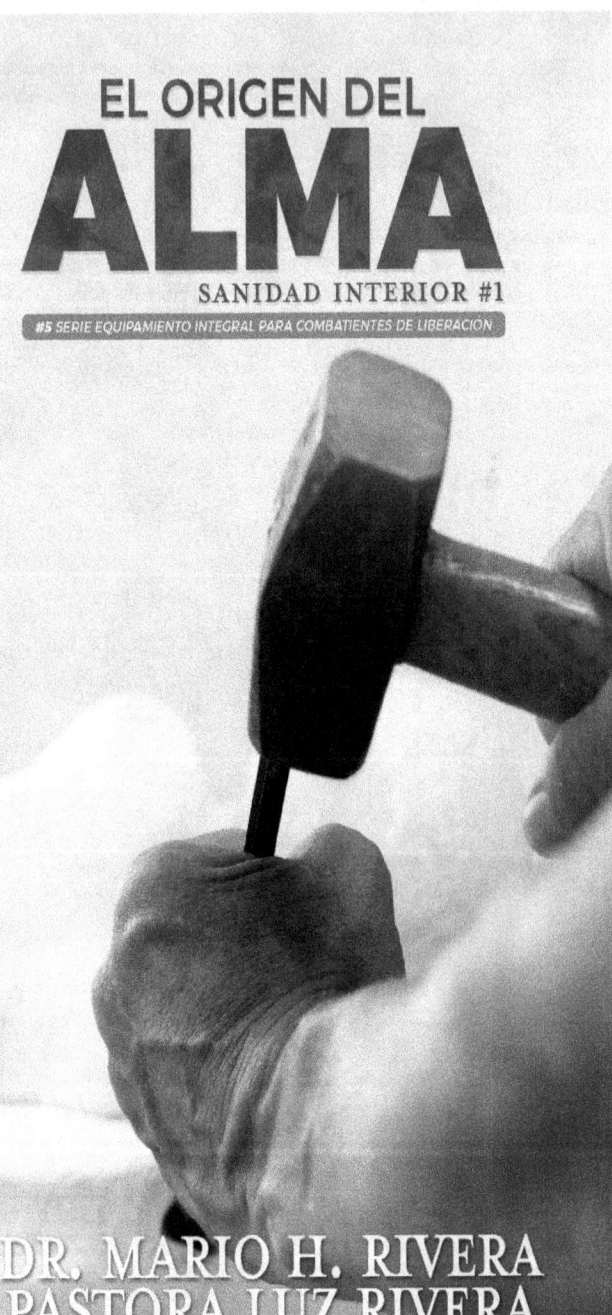

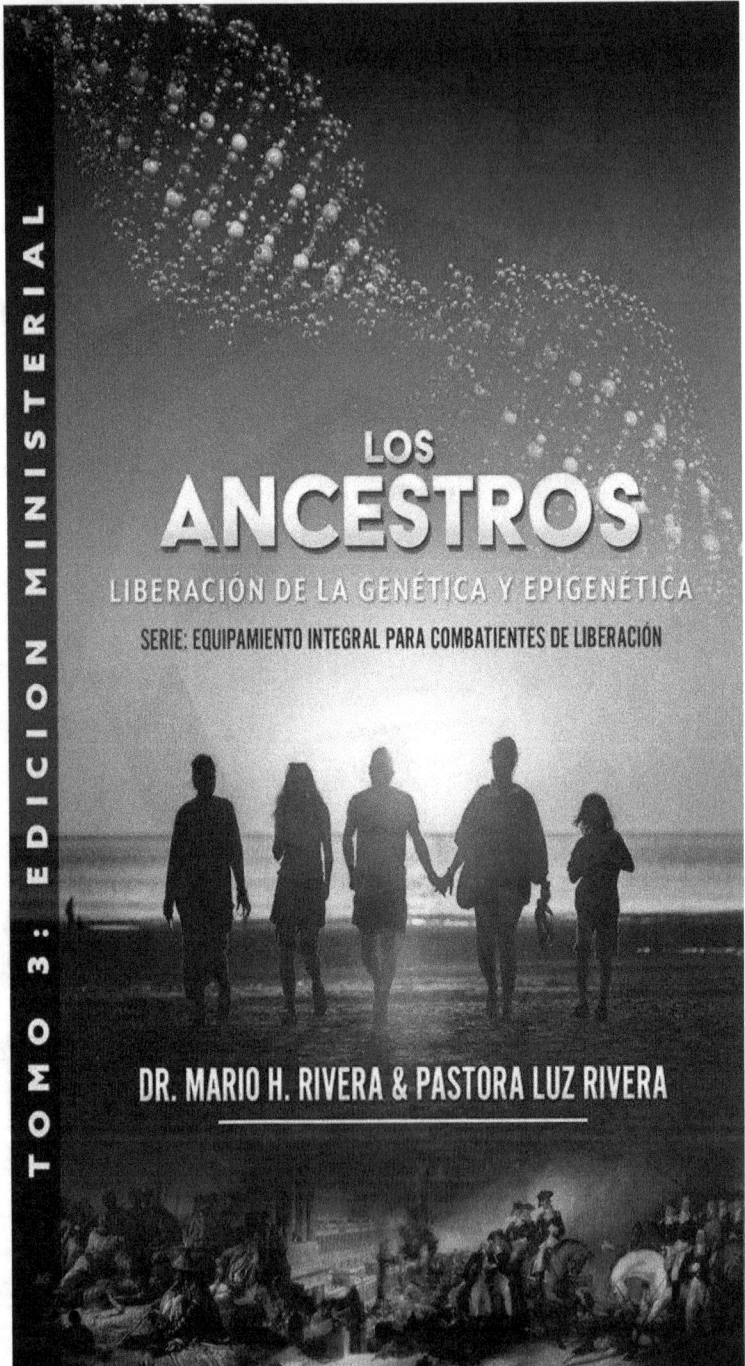

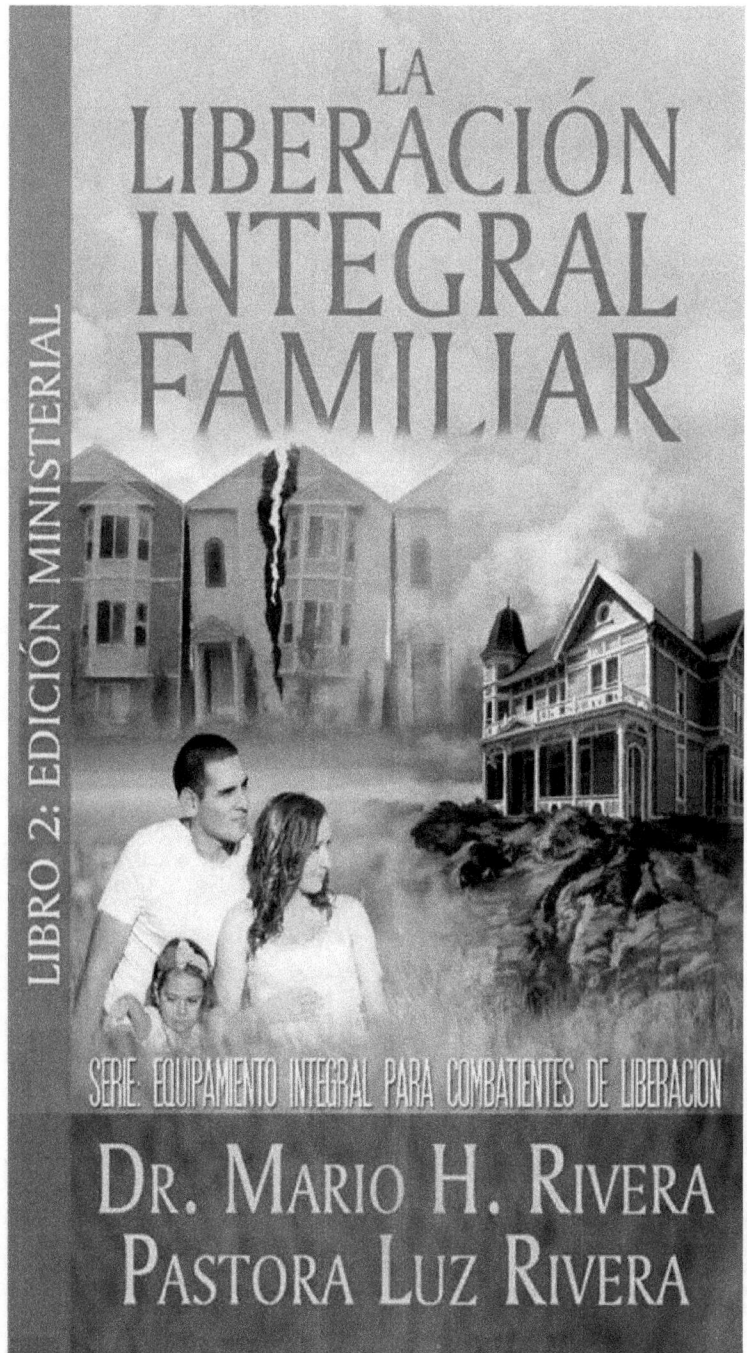